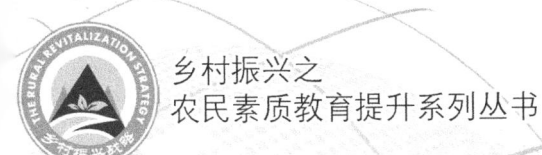

乡村振兴之
农民素质教育提升系列丛书

新型农业经营主体经营管理与提质增效

◎ 杨建伟　施玲央　主编

中国农业科学技术出版社

图书在版编目（CIP）数据

新型农业经营主体经营管理与提质增效／杨建伟，施玲央主编．—北京：中国农业科学技术出版社，2019.7（2022.12重印）

（乡村振兴之农民素质教育提升系列丛书）

ISBN 978-7-5116-4317-9

Ⅰ．①新⋯　Ⅱ．①杨⋯②施⋯　Ⅲ．①农业经营-研究　Ⅳ．①F306

中国版本图书馆CIP数据核字（2019）第153576号

责任编辑	徐　毅
责任校对	马广洋
出 版 者	中国农业科学技术出版社
	北京市中关村南大街12号　邮编：100081
电　　话	（010）82106631（编辑室）　（010）82109702（发行部）
	（010）82109709（读者服务部）
传　　真	（010）82106631
网　　址	http：//www.castp.cn
经 销 者	各地新华书店
印 刷 者	北京建宏印刷有限公司
开　　本	850 mm×1 168 mm　1/32
印　　张	7.375
字　　数	200千字
版　　次	2019年7月第1版　2022年12月第3次印刷
定　　价	36.00元

◢◣◢◣◢◣ 版权所有·翻印必究 ◣◢◣◢◣◢

《新型农业经营主体经营管理与提质增效》
编委会

主　编　杨建伟　施玲央
副主编　赖丽芬　吴家真　项有英
编　委　麻晓云　林佩霞　唐俊杰
　　　　林群蔚　何火娣

前　言

　　发展多种形式适度规模经营，培育新型农业经营主体，是增加农民收入、提高农业竞争力的有效途径，是建设现代农业的前进方向和必由之路。但也要看到，我国人多地少，各地农业资源禀赋条件差异很大，很多丘陵山区地块零散，不是短时间内能全面实行规模化经营，在生产模式上仍以小农户分散经营为主导。面对这些问题，农业领域不断改革，并指出要坚持小农户家庭经营为基础与多种形式适度规模经营为引领相协调发展，共同推进现代农业发展。为了满足新型农业经营主体发展对于人才培养的需要，加快新型农业经营主体培育，提升农业质量效益，特编写本书。

　　本书分为上、中、下篇。上篇为新型农业经营主体概述，包括新型农业经营主体内涵、大力培育农业经营主体带头人；中篇为新型农业经营主体经营管理，包括家庭农场的管理、家庭农场的经营、合作社的经营管理、小农户的经营管理；下篇为新型农业经营主体提质增效，包括农产品质量安全、农产品品牌建设、互联网+、新型农业经营主体扶持政策等。本书内容丰富，语言通俗易懂，强调科学性和针对性，注重实际操作和应用。

　　由于编写时间比较仓促，水平有限，书中的内容难免存在瑕疵，望读者批评指正！

编　者

2019 年 4 月

目 录

上篇　新型农业经营主体概述

第一章　新型农业经营主体内涵 …………………………（3）
　第一节　新型农业经营主体的产生背景 ……………（3）
　第二节　新型农业经营主体的内涵 …………………（7）
　第三节　新型农业经营主体的功能 …………………（9）
　第四节　新型农业经营主体的发展 …………………（11）

第二章　大力培育农业经营主体带头人 ………………（13）
　第一节　新型职业农民培育 …………………………（13）
　第二节　农业经营主体带头人培育 …………………（21）
　第三节　农业职业经理人培育 ………………………（26）

中篇　新型农业经营主体经营管理

第三章　家庭农场的管理 ………………………………（35）
　第一节　家庭农场发展规划 …………………………（35）
　第二节　家庭农场的要素管理 ………………………（62）
　第三节　家庭农场的财务管理 ………………………（68）

第四章　家庭农场的经营 ………………………………（83）
　第一节　农场主应具备的素质能力 …………………（83）
　第二节　家庭农场的经营模式与决策 ………………（86）

第三节　家庭农场的经营项目 …………………… （91）
　　第四节　家庭农场的经营风险 …………………… （100）
第五章　合作社的经营管理 ………………………… （103）
　　第一节　成立合作社的程序 ……………………… （103）
　　第二节　合作社成员的权利、义务 ……………… （111）
　　第三节　合作社的财务管理 ……………………… （114）
　　第四节　如何创建合作社示范社 ………………… （124）
第六章　小农户的经营管理 ………………………… （133）
　　第一节　小农户的发展背景 ……………………… （133）
　　第二节　小农户的概念和特征 …………………… （135）
　　第三节　小农户的发展模式 ……………………… （137）
　　第四节　小农户经营管理策略 …………………… （141）

下篇　新型农业经营主体提质增效

第七章　农产品质量安全 …………………………… （149）
　　第一节　农产品质量安全概述 …………………… （149）
　　第二节　农产品认证 ……………………………… （151）
　　第三节　农产品地理标志登记 …………………… （170）
　　第四节　农产品质量安全追溯 …………………… （173）
第八章　农产品品牌建设 …………………………… （177）
　　第一节　农产品品牌概述 ………………………… （177）
　　第二节　农产品品牌建设存在的问题及对策 …… （180）
　　第三节　农产品品牌建设手段 …………………… （184）
第九章　互联网+ …………………………………… （190）
　　第一节　互联网+概述 …………………………… （190）
　　第二节　互联网在现代农业中的意义 …………… （195）
　　第三节　互联网+现代农业生产 ………………… （198）

目 录

第十章　新型农业经营主体扶持政策 …………………（206）
　第一节　财政税收 …………………………………（206）
　第二节　基础设施建设 ……………………………（212）
　第三节　金融信贷 …………………………………（215）
　第四节　保险支持 …………………………………（219）
　第五节　营销市场 …………………………………（220）
　第六节　人才培养引进 ……………………………（222）
参考文献 ……………………………………………（224）

上 篇
新型农业经营主体概述

第一章 新型农业经营主体内涵

第一节 新型农业经营主体的产生背景

一、农户经营现状的需要

党的十一届三中全会启动农村改革以来，我国逐步在广大农村建立了以家庭承包经营为基础、统分结合的双层经营体制，小规模家庭经营成为农业生产经营的最主要方式。这一体制的建立获得了巨大成功，极大地调动了农民发展生产的积极性，不但解决了农民的温饱问题，还使农民走上了小康富裕之路。但是，家庭经营的弊端也逐渐显现出来。实行家庭承包经营制度，农户经营规模非常小，全国2.45亿农户，户均土地经营规模大约7亩耕地。小农户经营带来许多问题，农户各自为战，单打独斗，生产成本增加，市场信息不对称，有些事情一家一户来做根本解决不了或是解决了也不划算，在我国市场经济日益成熟和全球经济一体化的今天，农户处于明显弱势地位。

随着工业化、城镇化的快速发展以及现代农业建设的快速推进，农业生产经营面临着一些新情况新问题：一是大量农村劳动力转移到城镇和工业部门，农业副业化、农村空心化、农民老龄化的问题日益凸显，外出农民工特别是新生代农民工不愿回乡务农，农业后继乏人问题已经现实地摆在了我们的面前。"谁来种"的问题越来越紧迫。二是小生产与大市场不能有效对接，农产品价格大起大落、剧烈波动，谷贱伤农、菜贵伤民的现象愈发频繁，"种什么"的问题亟须回答。三是农民种田多是从经验出发，土地产出率、劳动生产率不高，迫切需要科学知识的指导以及专业化、系列化的生产性服务，"怎么种"的问题非常迫切。

解决这些问题，客观上要求创新农业经营体制机制，加快培育多元化新型农业经营主体，大力发展农业社会化服务，提高农业组织化程度，加快构建新型农业经营体系。

二、中央有关政策的促进

党的十七届三中全会提出，有条件的地方可以发展专业大户、家庭农场、农民合作社等规模经营主体，这是中央首次在文件中将这几类组织纳入农业经营主体之中。

党的"十八大"提出建立新型农业经营体系。"新型农业经营体系"这一概念在中央文件中是第一次被提及。所谓"新型"，是相对于传统小规模分散经营而言的，是对传统农业经营方式的创新和发展。"农业经营"的含义较广，既涵盖农产品生产、加工和销售各环节，又包括各类生产性服务，是产前、产中、产后各类活动的总称。"体系"泛指有关事物按照一定的秩序和内部联系组合而成的整体，这里既包括各类农业经营主体，又包括各主体之间的联结机制，是各类主体及其关系的总和。

2013年中央1号文件《中共中央国务院关于加快发展现代农业进一步增强农村发展活力的若干意见》中，对专业大户、家庭农场、农民专业合作社和农业龙头企业这4种经营主体，都明确了具体的扶持政策。

第一，按照规模化、专业化、标准化发展要求，引导农户采用先进适用技术和现代生产要素，加快转变农业生产经营方式。创造良好的政策和法律环境，采取奖励补助等多种办法，扶持联户经营、专业大户、家庭农场。大力培育新型农民和农村实用人才，着力加强农业职业教育和职业培训。充分利用各类培训资源，加大专业大户、家庭农场经营者培训力度，提高他们的生产技能和经营管理水平。制订专门计划，对符合条件的中高等学校毕业生、退役军人、返乡农民工务农创业给予补助和贷款支持。

第二，大力支持发展多种形式的新型农民合作组织。农民合作社是带动农户进入市场的基本主体，是发展农村集体经济的新型实体，是创新农村社会管理的有效载体。按照积极发展、逐步规范、强化扶持、提升素质的要求，加大力度、加快步伐发展农民合作社，切实提高引领带动能力和市场竞争能力。鼓励农民兴办专业合作和股份合作等多元化、多类型合作社。实行部门联合评定示范社机制，分级建立示范社名录，把示范社作为政策扶持重点。安排部分财政投资项目直接投向符合条件的合作社，引导国家补助项目形成的资产移交合作社管护，指导合作社建立健全项目资产管护机制。增加农民合作社发展资金，支持合作社改善生产经营条件、增强发展能力。逐步扩大农村土地整理、农业综合开发、农田水利建设、农技推广等涉农项目由合作社承担的规模。对示范社建设鲜活农产品仓储物流设施、兴办农产品加工业给予补助。在信用评定基础上对示范社开展联合授信，有条件的地方予以贷款贴息，规范合作社开展信用合作。完善合作社税收优惠政策，把合作社纳入国民经济统计并作为单独纳税主体列入税务登记，做好合作社发票领用等工作。创新适合合作社生产经营特点的保险产品和服务。建立合作社带头人人才库和培训基地，广泛开展合作社带头人、经营管理人员和辅导员培训，引导高校毕业生到合作社工作。落实设施农用地政策，合作社生产设施用地和附属设施用地按农用地管理。引导农民合作社以产品和产业为纽带开展合作与联合，积极探索合作社联社登记管理办法。抓紧研究修订农民专业合作社法。

第三，培育壮大龙头企业。支持龙头企业通过兼并、重组、收购、控股等方式组建大型企业集团。创建农业产业化示范基地，促进龙头企业集群发展。推动龙头企业与农户建立紧密型利益联结机制，采取保底收购、股份分红、利润返还等方式，让农户更多分享加工销售收益。鼓励和引导城市工商资本到农村发展适合企业化经营的种养业。增加扶持农业产业化资金，支持龙头企业建设原料基地、节能减排、培育品牌。逐步扩大农产品加工增值税进项税额核定扣除试点行业范围。适当扩大农产品产地初加工补助项目试点范围。

2014年中央1号文件《中共中央国务院关于全面深化农村改革加快推进农业现代化的若干意见》中，进一步阐述了"扶持发展新型农业经营主体"内容，即鼓励发展专业合作、股份合作等多种形式的农民合作社，引导规范运行，着力加强能力建设。允许财政项目资金直接投向符合条件的合作社，允许财政补助形成的资产转交合作社持有和管护，有关部门要建立规范透明的管理制度。推进财政支持农民合作社创新试点，引导发展农民专业合作社联合社。按照自愿原则开展家庭农场登记。鼓励发展混合所有制农业产业化龙头企业，推动集群发展，密切与农户、农民合作社的利益联结关系。在国家年度建设用地指标中单列一定比例专门用于新型农业经营主体建设配套辅助设施。鼓励地方政府和民间出资设立融资性担保公司，为新型农业经营主体提供贷款担保服务。加大对新型职业农民和新型农业经营主体领办人的教育培训力度。落实和完善相关税收优惠政策，支持农民合作社发展农产品加工流通。

国家密集出台的一系列针对新型农业经营主体的扶持政策，撬动了我国农业经营组织体系结构的转型，促进了新型农业经营主体的产生和发展。

第二节 新型农业经营主体的内涵

随着我国农业农村经济的不断发展，以农业专业大户、家庭农场、农民合作社和农业企业为代表的新型农业经营主体日益显示出发展生机与潜力，已成为中国现代农业发展的核心主体。

一、新型农业经营主体的定义

新型农业经营主体是建立于家庭承包经营基础之上，适应市场经济和农业生产力发展要求，从事专业化、集约化生产经营，组织化、社会化程度较高的现代农业生产经营组织形式。从目前的发展来看，新型农业经营主体主要包括专业大户、家庭农场、农民合作社、产业化龙头企业等类型，是新型农业经营主体的组织形态。其主要实施者就是家庭农场主、农民合作社理事长、产业化龙头企业法人代表等"领办人"，属于新型职业农民范围，是新型农业经营主体的个体形态。随着我国农业农村经济的不断发展，以农业专业大户、家庭农场、农民合作社和农业企业为代表的新型农业经营主体日益显示出发展生机与潜力，已成为中国现代农业发展的核心主体。

二、新型农业经营主体的特征

1. 以市场化为导向

自给自足是传统农户的主要特征，商品率较低。在工业化、城镇化的大背景下，根据市场需求发展商品化生产是新型农业经营主体发育的内生动力。无论专业大户、家庭农场，还是农民合作社、龙头企业，都围绕提供农业产品和服务组织开展生产经营活动。

2. 以专业化为手段

传统农户生产"小而全",兼业化倾向明显。随着农村生产力水平提高和分工分业发展,无论是种养、农机等专业大户,还是各种类型的农民合作社,都集中于农业生产经营的某一个领域、品种或环节,开展专业化的生产经营活动。

3. 以规模化为基础

受过去低水平生产力的制约,传统农户扩大生产规模的能力较弱。随着农业生产技术装备水平提高和基础设施条件改善,特别是大量农村劳动力转移后释放出土地资源,新型农业经营主体为谋求较高收益,着力扩大经营规模、提高规模效益。

4. 以集约化为标志

传统农户缺乏资金、技术,主要依赖增加劳动投入提高土地产出率。新型农业经营主体发挥资金、技术、装备、人才等优势,有效集成利用各类生产要素,增加生产经营投入,大幅度提高了土地产出率、劳动生产率和资源利用率。

三、新型农业经营主体和传统农户的关系

1. 大量的传统农户会长期存在

家庭承包经营是我国农村基本经营制度的基础,传统农户是农业基本经营单位。因此,不能因为强调发展新型农业经营主体,就试图以新型农业经营主体完全取代传统农户,这是一个误区。此外,这些小规模农户存在先天不足,抗御自然风险和市场风险的能力较弱,而且在我国农业市场化程度日益加深、农业兼业化和农民老龄化趋势不断加快的过程中,传统农户的弱势和不足表现得更加明显。在支持新型农业经营主体的同时,也要大力扶持传统农户,这不不仅是发展农村经济、全面建成小康社会的需要,而且是稳定农村大局、加快构建和谐社会的需要。

2. 新型主体和传统农户相辅相成

新型经营主体与传统农户不同，前者主要是商品化生产，后者主要是自给性生产。两者尽管有一定的竞争关系，但更有相互促进的关系。新型主体发展，尤其是龙头企业、合作社，可以对传统农户提供生产各环节的服务，推动传统农户生产方式的转变。与此同时，传统农户也可以为合作社、龙头企业提供原料，成为其第一车间。在发展中，特别是在扶持政策上，对传统农户和新型经营主体并重，不可偏废。

第三节 新型农业经营主体的功能

新型农业经营主体，是在坚持以家庭承包经营为基础上创新我国农业经营体制机制、构建新型农业经营体系的骨干力量，是现代农业建设，保障国家粮食安全和重要农产品有效供给的重要主体。准确定位不同主体在发展生产、提升效益和竞争力方面的不同组织功能，才能提高各类资源要素的配置效率。

一、种养大户和家庭农场的功能

种养大户和家庭农场主要承担农产品生产的功能，对小规模农户具有示范效应，带动传统农户采用先进技术和生产手段，增加资本和技术等生产要素的投资。这类主体既是种养结构调整、家庭经营向集约化方向转变的骨干力量，又为提高生产经营的组织化、社会化水平提供了坚实的微观基础。现阶段种养大户和家庭农场的发展，确保了粮食等重要农产品生产的总量供给和产能基础。

二、农民合作社的功能

农民合作社集生产主体和服务主体为一身，融普通农户和新型主体于一体，具有联系农民、服务自我的独特功能。农民专业合作社发挥带动散户、组织大户、对接企业、联结市场的功能，进而提升农民组织化程度。在农业供给侧结构性改革中，农民合作社自身既能根据市场需求做出有效响应，也能发挥传导市场信息、统一组织生产、运用新型科技的载体作用，把分散的农户组织起来开展生产，还能让农户享受到低成本、便利化的自我服务，有效弥补了分散农户经营能力上的不足。

三、龙头企业的功能

在某个行业中，对同行业的其他企业具有很深的影响、号召力和一定的示范、引导作用，并对该地区、该行业或者国家做出突出贡献的企业，被称为龙头企业。龙头企业产权关系明晰、治理结构完善、管理效率较高，在高端农产品生产方面有显著的引导示范效应。当前，有近九成的国家重点龙头企业建有专门的研发中心。省级以上龙头企业中，来自订单和自建基地的采购额占农产品原料采购总额的2/3，获得省级以上名牌产品和著名商标的产品超过50%，"微笑曲线"的弯曲度越来越大，不断向农业产业价值链的高端跃升。

四、农业社会化服务组织的功能

农业社会化服务组织可以为农业生产经营主体提供服务和支撑，自身经营活动也是农业生产经营中的一部分。改善服务供给，提升社会化服务对现代农业发展的支撑作用，本身就是推进农业供给侧结构性改革的应有之义。与此同时，农业社会化服务组织提供服务的过程，就是把新产品、新技术、新装备导入农业生产的过程。通过提供统一服务，可以发挥专业化、规模化优势，推行标准化、绿色化生产，提高先进科技和物质装备运用水平，帮助生产主体减轻劳动投入、缩短对新技术新装备的摸索过程，降低成本、提升效率，提高推进供给侧结构性改革的能力。

五、新农民的功能

新农民是近年来涌现的一个新群体，他们秉持生态农业理念，运用互联网思维和手段，发展农产品直供直销，为消费者提供安全优质农产品，是新型农业经营主体中的一种新类型。他们通过淘宝、京东、微信、QQ群等网络平台销售农产品，把生产过程展示给消费者，获得消费者信任，创新了农产品营销方式。新农民逐步从销售端向生产端拓展，带动形成以市场为导向、融合"互联网+"、绿色发展的生产组织方式，与农业供给侧结构性改革的内涵高度契合。

总体而言，新型农业经营主体具有鲜明的示范功能、组织功能和服务功能，能够在率先行动的同时，带动、支持广大普通农户，共同推进农业供给侧结构性改革。

第四节 新型农业经营主体的发展

一、新型农业经营主体存在的问题

关于新型农业经营主体存在的问题主要包括3个方面。一是政策层面，主要表现为新型农业经营主体面临融资难、土地流转难、风险保障不足、配套建设不足等问题。二是产业层面主要表现为新型农业经营主体产业链条比较短，与农户利益连接还不够紧密。三是自身层面表现为家庭农场经营人才比较匮乏、农民专业合作社运行不规范、农业企业竞争力偏弱等。

二、新型农业经营主体的发展方向

第一，主体融合发展增强。通过产业化联合体、产业联盟或者"三位一体"综合合作，由多主体混合或者单主体混合形成主体融合发展。

第二，与农民利益连接更加紧密。未来必须建立和农民紧密的利益连接机制，农户可以获得土地租金的收入、务工收入、按股分红、交易返利。

第三，发展的质量逐步提高。未来新型农业经营主体的生产、经营、服务、管理会标准化、规范化，还有产业链、价值链、新产业和新业态将逐渐培育起来。

第四，规模经营水平不断提升。包括土地的规模、服务规模等不断提升，这样就实现了集聚的发展。

第二章 大力培育农业经营主体带头人

第一节 新型职业农民培育

一、新型职业农民内涵

(一) 新型职业农民的概念

新型职业农民是伴随农村生产力发展和生产关系完善产生的新型生产经营主体,是构建新型农业经营体系的基本细胞,是发展现代农业的基本支撑,是推动城乡发展一体化的基本力量。

新型职业农民是相对传统农民、身份农民和兼职农民而言的,是一个阶段性、发展中的概念。

从广义上讲,职业是人们在社会中所从事的作为谋生的手段。从社会角度看职业是劳动者获得的社会角色,劳动者为社会承担一定的义务和责任;从人力资源角度看,职业是指不同性质、不同形式、不同操作的专门劳动岗位。所以,职业是指参与社会分工,用专业的技能生活的一项工作。

因而,新型职业农民首先是农民。从职业意义上看,是指长期居住农村,并以土地等农业生产资料长期从事农业生产的劳动者,且要符合以下4个条件:一是占有(或长期使用)一定数量的生产性耕地;二是大部分时间从事农业劳动;三是经济收入主要来源于农业生产和农业经营;四是长期居住在农村社区。按照中央1号文件要求应为"有文化、懂技术、会经营"的农民致富带头人。

(二)新型职业农民的特征

新型职业农民有新的特征。新型职业农民到底"新"在哪里,可以从以下4个方面理解。

1. 相对传统农民而言,新型职业农民具有新技术

传统农民追求的是维持生计,以自给自足为特征,以多年来的耕作经验种植;而新型职业农民具有新技术,能够适应现代农业生产要求,并利用一切可能的选择实现利益的最大化,因此,一般具有较高的收入,这也是吸引人们做新型职业农民的基础条件。

2. 相对兼业农民而言,新型职业农民具有高度的稳定性

新型职业农民不仅要把务农作为自己的终身职业,而且后继有人。稳定性是农业特点对从业者的基本要求,农业生产是依赖经验的活动,只有稳定才能不断积累和丰富农业生产经营经验;也只有稳定,农民才能形成长远预期,这是农业可持续发展的基础。稳定性可以避免对农业的短期行为,是新型职业农民区别于兼业农民和资本承包土地的重要方面。

3. 从责任范围来说,新型职业农民具有更大的责任范围

与传统农民、兼业农民、工商资本等经营的农业相比,新型职业农民具有更自觉的责任意识和更广泛责任要求。传统农民的责任范围局限在自己的家庭,农业的责任就是满足家庭成员的需要;新型职业农民的农业责任是满足市场的需求,对消费者负有责任。新型职业农民与兼业农民由于收入来源不同,决定了其对土地态度的不同。兼业农民,特别是以打工为主的兼业农民,因为其主要收入来源是打工收入,农业沦为家庭"副业",兼业农民往往对种地收入抱着可有可无的态度,种地的目的甚至仅仅是"够自己吃就行",影响了农业的产品贡献,弱化了农业的社会

责任；新型职业农民的收入主要来源于农业收入，因此，重视农业的产出和市场价值，注重资源的合理配置，具有较高的生产积极性和较高的生产效率，负有更多的社会责任。新型职业农民与工商资本的区别在于对生态、土地的影响，工商资本和一些短期的承包户，看中的是土地的眼前产出，往往为了眼前利益追求高投入高产出，掠夺地力，造成地力丧失、环境污染而使农业发展不可持续。新型职业农民更重视土地的可持续利用，不仅对生产负责，也对生态负责，不仅对当前负责，也充分考虑对后代负责，给子孙后代留下可以永续利用的土地。所以新型职业农民社会责任范围和现代农业观念远远超过其他农业群体。新型职业农民不仅有文化、懂技术、会经营，还具有对生态、环境、社会和后人承担责任的意识。

4. 从新型职业农民来源来说，具有多元化

新型职业农民的农民不再是一个身份概念，而是一个职业概念，凡是从事现代农业的生产经营者都可以成为新型职业农民。也就是说新型职业农民的来源是多元的，目前正在土地上耕种的农民应该是新型职业农民的主要来源。随着越来越多的年轻人离开土地融入城市，为土地流转创造了条件，土地向种田能手流转逐渐形成承包大户，进而形成家庭农场。需要指出的是目前从事农业生产的40~50岁的农民，不仅具有丰富的农业知识，而且对农业有感情，着力把他们中的一些种田能手培养成新型职业农民对农业文化传承和农业的可持续发展具有承上启下的重要意义。外出打工的返乡创业者也是新型职业农民的重要来源，他们中一些优秀分子，外出打工长了见识，更新了观念，拥有了一定资本，对农业和乡村怀有感情，他们愿意返乡创业，回到农村经营农业，成为新型职业农民。此外，一些致力于农业的城市居民、退伍军人、大中专毕业生等，只要他们对农业有兴趣，致力于发展农业，政府就应该支持他们经营家庭农场，成为新型职业

农民。

(三) 新型职业农民的类型

目前,我国新型职业农民可以划分为3类:主要包括生产经营型、专业技能型、社会服务型。

1. 生产经营型职业农民

生产经营型职业农民是指以农业为职业、占有一定的资源、具有一定的专业技能、有一定的资金投入能力、收入主要来自农业的农业劳动力。主要是指种养大户、家庭农场主、农民专业合作社骨干等。

(1) 种植大户。从事种植业,达到较大规模(面积),在同等土地和物质投入条件下,单产明显超过当地平均水平,通常年收入高于当地农民平均水平3倍以上,有一定示范带动效应、帮助农民增收致富的业主或技术骨干人员。

(2) 养殖大户。从事养殖业,达到较大规模(数量),在同等市场条件下养殖收益明显高于其他养殖户,年收入高于当地农民平均水平3倍以上,有一定示范带动效应、帮助农民增收致富的业主或技术骨干人员。

(3) 家庭农场主。从事种植或养殖业,产业规模较大。

(4) 农民专业合作社骨干。国家、省、市级百强农民专业合作社的成员,主要从事与农业相关的生产经营活动。

2. 专业技能型职业农民

专业技能型职业农民是指在专业合作社、家庭农场、专业大户、农业企业等新型农业经营主体较为稳定地从事农业劳动作业,并以此为主要收入来源,具有一定专业技能的现代农业劳动力。主要是农业工人、农业雇员等。

(1) 农业工人。常年在农业企业、农业园区、农场以及其他农业生产单位从事农业生产的工作人员,其主要收入来源为工资收入。

(2) 农业雇员。常年在农业企业和农业园区从事农业生产管理或农业科技成果转化、生产技术指导,其主要收入来源为农业产业。

3. 社会服务型职业农民

社会服务型职业农民是指在经营性服务组织或个体直接从事农业产前、产中、产后服务,并以此为主要收入来源,具有相应服务能力的现代农业社会化服务人员,主要包括农村信息员、农产品经纪人、农机手、代耕手、机防手、动物防疫员等。

(1) 农村信息员。主要为农业提供生产、农产品加工、销售等信息服务,并获取一定经济收入。

(2) 农产品经纪人。从事提供产品供求信息、传播科技信息、贩销农产品、来料加工经济等各种中介服务活动,有益于农村经济社会发展,并获得一定经济收入的农村劳动者。

(3) 农机手、代耕手、机防手。主要为农业生产提供机械化服务活动,并获得一定经济收入的服务群体。

(4) 动物防疫员。主要为畜禽养殖户提供疫情、疫病预防服务活动,获取一定经济收入。

二、新型职业农民培育的意义

2017年1月29日,农业部出台"十三五"全国新型职业农民培育发展规划提出发展目标:到2020年全国新型职业农民总量超过2 000万人。大力培育新型职业农民,是深化农村改革、增强农村发展活力的重大举措,也是发展现代农业、保障重要农产品有效供给的关键环节。

1. 确保国家粮食安全和重要农产品有效供给的迫切需要

解决13亿人的吃饭问题,始终是治国安邦的头等大事。据国家统计局公布的全国粮食生产数据显示,2015年全国粮食总产量62 143.5万吨,2016年全国粮食总产量61 623.9万吨。随着人口总量增加、城镇人口比重上升、居民消费水平提高、农产品工业用途拓展，我国农产品需求呈刚性增长。习近平总书记强调，中国人的饭碗要牢牢端在自己手里，就要提高我国的农业综合生产能力，让十几亿中国人吃饱吃好、吃得安全放心，最根本的还得依靠农民，特别是要依靠高素质的新型职业农民。只有加快培养一代新型职业农民，调动其生产积极性，农民队伍的整体素质才能得到提升，农业问题才能得到很好解决，粮食安全才能得到有效保障。

2. 推进现代农业转型升级迫切需要

当前，我国正处于改造传统农业、发展现代农业的关键时期。农业生产经营方式正从单一农户、种养为主、手工劳动为主，向主体多元、领域拓宽、广泛采用农业机械和现代科技转变，现代农业已发展成为一、二、三产业高度融合的产业体系。支撑现代农业发展的人才青黄不接，农民科技文化水平不高，许多农民不会运用先进的农业技术和生产工具，接受新技术新知识的能力不强。只有培养一大批具有较强市场意识，懂经营、会管理、有技术的新型职业农民，现代农业才能发展。

3. 构建新型农业经营体系的迫切需要

改革开放以来，我国农村劳动力大农业劳动力数量不断减少、素质结构性下降的问题日益突出。有调查显示，许多地方留乡务农者以妇女和中老年人为主，小学及以下文化程度比重超过50%；占农民工总量六成以上的新生代农民工不愿意回乡务农。今后"谁来种地"成为一个重大而紧迫的课题。确保农业发展"后继有人"，关键是要构建新型农业经营体系，发展专业大户、家庭农场、农民合作社、产业化龙头企业和农业社会化服务组织等新型农业经营主体。把新型职业农民培养作为关系长远、关系根本的大事来抓，通过技术培训、政策扶持等措施，留住一批拥有较高素质的青壮年农民从事农业，不断增强农业农村发展活力。

三、新型职业农民培育途径

1. 切实加强农民教育培训

培养教育是构建新型职业农民培育制度的核心和基础。新型职业农民的鲜明特征是高素质，培育新型职业农民必须教育先行，必须使培训常态化。在培养对象和目标上，要以"生产经营型"新型职业农民为重点，针对在岗务农农民、获证农民、农业后继者进行分类、分层、分产业开展。对在岗务农农民，要通过实行免费农科中等职业教育和农业系统培训，把具有一定文化基础和生产经营规模的骨干农民，加快培养成为具有新型职业农民能力素质要求的现代农业生产经营者；对获得新型职业农民证书（新型绿色证书）的农民要开展持续的经常性跟踪辅导培训；对农业后继者，要通过支持中高等农业职业院校定向培养农村有志青年，吸引农业院校特别是中高等农业职业院校毕业生回乡务农创业，为农村应届初高中毕业生、青壮年农民工和退役军人回乡务农创业提供免费全程培训等措施，培养爱农，懂农、务农的农业后继者。在培养方式上，要尊重农民的学习特点和规律，以方便农民、实惠农民为出发点，坚持教育和培训并重。要以"百万中专生计划"为主要抓手，大力推进"送教下乡"模式，建立"农学结合"弹性学制的农民学历教育制度；要以阳光工程为主要抓手，大力推进"农民田间学校"和"创业培训"模式，构建标准化、规范化、科学化的农民培训制度。在培养主体上，要下大力气构建以农业广播电视学校、农民科技教育培训中心等农民教育培训专门机构为主体，以农技推广、科研院所等为补充的新型职业农民教育培训体系；要大力推动"校校合作、校站合作"，发挥农业中等职业学校、推广部门等的作用，充分整合教育资源；要大力推进空中课堂、固定课堂、流动课堂和田间课堂建设，建立农民教育培训导师团等制度，努力提高农民教育培养的能力、质量和水平。

2. 探索建立新型职业农民认定管理制度

认定管理是对新型职业农民扶持、服务的基本依据，是构建新型职业农民培育制度的载体和平台。全国要制定统一的认定管理意见，建立"政府主导、农业部门负责、农广校等受委托机构承办"的体制机制，深度改造认定农民技术等级的"绿色证书"，建立认定农民职业资格的"新型绿色证书"制度。各地要根据各地实际，充分考虑不同地域、不同产业、不同生产力发展水平等因素，根据农民从业年龄、能力素质、经营规模、产出效益等，科学设定认定条件和标准，研究制定具体的认定管理办法。各地政府要明确认定主体、认定责任和认定程序，明确农民教育专门机构在认定和服务上的主体地位、管理协调作用，加强建设和管理。对经过认定的新型职业农民建立信息档案，并向社会公开，定期考核评估，建立能进能出的动态管理机制。认定程序上可以先进行调查摸底，锁定目标进行重点培育，等培育成熟后再进行认定扶持；也可以高标准、严要求锁定目标进行直接认定，给予政策扶持。不管采取哪种方式，认定工作都要做好翔实的调查，因地制宜制定操作方案；要充分尊重农民意愿，特别是要确保获证与政策扶持相衔接，使农民得到实惠；要公开透明，主动接受社会监督，更不能以任何名义收费；要根据各地实际分产业、分层、分类循序渐进地推进，绝不能一哄而上、急于求成，绝不能搞形式主义、搞一刀切。

3. 着力构建新型职业农民扶持政策体系

政策扶持是推动新型职业农民成长的基本动力，是构建新型职业农民培育制度的根本保障。政府要分产业、分层、分类制定扶持政策，要重点向从事粮食生产、有科技带动能力、生产经营型的新型职业农民倾斜。

在生产扶持上，要在稳定现有政策的基础上，将新增项目向新型职业农民倾斜。防止补贴向土地承包经营权的使用者转移，否则，新型职业农民得不到实惠，起不到提高生产积极性的作用。要逐步将新增补贴从收入补贴向技术补贴、教育培训补贴转变，构建新型农业经营体系下的强农惠农富农政策的新体系。

在土地流转上，要在登记确权基础上，建立土地有效流转机制，引导土地向新型职业农民流转。

在金融信贷上，要持续增加农村信贷投入，建立担保基金.解决新型职业农民扩大生产经营规模的融资困难问题。

在农业保险上，要扩大新型职业农民的农业保险险种和覆盖面，并给予优惠。

在社会保障上，探索提高新型职业农民参加社会保险比例，提高养老、医疗等公共服务标准等。

在教育培训的政策支持上，要尽快对务农农民中等职业教育实行免学费和国家助学政策，深度改造阳光工程，确保全部用于新型职业农民教育培养。把农广校条件建设纳入国家基本建设项目，启动实施新型职业农民教育培养工程，把更多的农民培养成新型职业农民。

第二节　农业经营主体带头人培育

一、带头人与农业经营主体的关系

农业经营主体是发展现代农业的生力军和引领力量，农业经营主体带头人是新型职业农民的优秀代表。两者的关系主要是组织者与经营组织的关系。

1. 带头人

从内涵来看，带头人至少要包含两层意思：一是必须在本行业、本领域出类拔萃，学有专才，术有专攻；二是必须具备成为一个团队的核心和灵魂的能力，能带出一支队伍，能够发挥引领和辐射作用。这两点是构成带头人的充要条件，其中，后者是带头人区别于其他专业性人才的本质特征。

带头人应拥有较高的威望与信誉，成员们信任甚至依赖他，愿意跟着他走，这是一个组织高效运作的有力保障。这种威信有多种来源，有的带头人本身就是基层党政干部、村"两委"成员，在政治、组织方面具有优势；有的带头人是返乡成功人士、种养大户、经纪人，在资本、生产、市场方面具有优势；有的带头人是职业经理人、大中专毕业生，在管理、技术方面具有优势；还有的带头人是乡土领袖，办事公平公正，在当地群众中具有一定的号召力。

2. 新型农业经营主体

新型农业经营主体是指具有相对较大的经营规模、较好的物质装备条件和经营管理能力，劳动生产、资源利用和土地产出率较高，以商品化生产为主要目标的农业经营组织。新型农业经营主体既包括农业产中环节的生产经营组织，也包括为在产中环节提供各种服务的经营组织。具体来说，是指专业大户、家庭农场、农民合作社、龙头企业、社会化服务组织等。

3. 带头人能够引领新型农业经营主体快速发展

在管理学界有句名言——"一只狼领导的一群羊能打败一只羊领导的一群狼"，这句话充分说明了带头人的重要性，同时，也隐含着团队的力量。

新型农业经营主体带头人是新型农业经营主体创立、改革和发展的领头羊，在农业经营主体建设和发展中起着至关重要的作用。在新型农业经营主体发展过程中，带头人处于核心领导地位，尤其在新型农业经营主体的管理和经营活动中肩负重要职责，具有典范和引领功能的合作社核心人才。

二、农业经营主体带头人的作用

尽管不同类型的农业经营主体的功能和定位不同,但其带头人的作用基本一致,主要体现在3个方面。

1. 探索农村产业发展之路

随着脱贫攻坚不断推进,农村基础设施建好了,公共服务到位了,社会保障落实了,救助体系也逐步完善了,脱贫的基础条件具备了。但是,脱贫容易致富难,达标容易持续增收难。农村普遍条件差,找到合适的特色产业不容易,大多数农民参与产业发展难。家庭农场、合作社等新型农业经营主体带头人有文化、善思考、敢创新,他们能够发现并实践脱贫致富的产业之路。他们有技术专长,或善于经营和管理,有丰富的种植、养殖经验和市场渠道,而且有社会责任感,以带领周围村民发家致富为己任。

2. 在农业生产经营中示范

新型农业经营主体带头人在农业生产经营中具有示范作用。尽管当前农民朋友的文化知识已有很大提高,加上农业生产经营知识学习的途径增多,但只有书面上的知识,在具体的实践中还会面临很多困难。新型农业经营主体带头人通过自身实践取得成功,农民朋友可以直接照搬学习。

如南京市浦口区江浦街道高旺社区家庭农场主孔照翠,她通过多年的努力拼搏成为远近闻名的养殖大户。村民们看到孔照翠获得了成功,纷纷跟着一起搞养殖。在开始养殖时,孔照翠认真指导村民如何培育幼猪苗,并把自家的猪苗送给邻里,并积极引导村民掌握养殖过程中的各个操作细节。

带头人的示范作用明显强于村民"被培训"。政府花大力气组织培训农民,农民拿着补贴参加培训,重复培训、无效培训占了相当比例;而带头人的示范作用更加直接、有效。

3. 推动农业管理从个体走向合作

带头人往往是合作经济组织中的领导人和负责人，在当地的农村中拥有一定的社会影响，深受周围农民的信赖。他们依托自己的技术和管理经验及资金、市场渠道的优势，带动周围农民发展当地优势产业和产品，并随着市场规模不断扩大，开展产品购销和物资供应等，解决在农业生产经营管理中面临的共同问题。个体农户组成农民合作经济组织，有利于降低市场风险、节省经营管理成本，形成了研发、种养、加工、物流、营销以及生产资料的制造和供应紧密结合的一体化管理服务体系，以此获得农业生产经济效益的最大化。

总体上看，新型农业经营主体带头人在农业生产经营中，能够在率先行动的同时，带动、支持广大普通农户，共同推进现代农业发展。

三、农业经营主体带头人培育

1. 遴选学员

根据本地产业发展需要，结合培训规模，围绕年龄、学习能力、生产经营状况、参训积极性、示范带动作用等方面明确基本条件，从农业部"新型职业农民培育对象库"中遴选符合条件的培育对象组建班级开展培训，实现培育对象的精准化。坚持自愿原则，按照农民个人申请、县级农业主管部门审核确认的程序确定学员。

2. 制订培训计划

开展需求调研，通过访谈法、问卷法、实地考察法等调研方法，充分了解当地农业产业现状、发展目标和对现代农业生产经营者的要求，掌握学员知识结构、技能水平、生产经营状况、参训需求等各方面信息，摸清学员现状与培养目标所需具备的理念、知识、技能之间的差距。立足培训目标，对调研结果进行汇总分析，以农业部发布的新型职业农民培训规范为依据，围绕主导产业，科学制订培训班实施性计划，对培训目标、培训内容、学时分配、培训日程安排、培训教师、培训地点、考核评价等做出具体安排，对学员组织、培训方式、培训管理提出明确要求，做到一班一案。

3. 做好培训准备

选聘熟悉"三农"情况、理论基础扎实、实践经验丰富、指导能力强的教师开展教学和跟踪服务。综合课程和专题课程教师主要从教育培训机构、农业院校、科研推广单位、行政管理部门中选聘，专修课程教师主要从产业技术体系、科研教学单位、农业企业、农民合作社、专业大户、家庭农场中选聘。按照务实管用、就地就近的原则，选取课堂教学和现场教学场地。

4. 强化班级管理

完善班级管理制度，指定专人担任班主任，做好学员管理，配合授课教师对教学活动进行管理，并做好开班、培训、评价、结业等各环节的安排部署。选举班委，建立班级管理制度，鼓励学员在班主任指导下自我管理。按照"实事求是、应归尽归"的原则，按班次建立规范完整的培训档案，包括文书文件、培训计划、教学方案、教材、师资信息、学员台账、学员满意度测评表、考核评价资料、跟踪服务记录、财务档案、影像资料及其他需要保存的资料。通过新型职业农民培育工程信息管理系统，建立学员学习账号，完善学习电子档案，记录学员学习内容、学习时间和学习结果等信息。严格按照农业部、省、市关于新型职业农民培育经费支出标准和范围相关要求，规范资金使用。

5. 开展效果测评和总结

建立培训效果评估机制，利用问卷调查、学员座谈、实地查验等形式，围绕培训内容、培训方法、培训教师、培训时间、培训教材、跟踪服务、组织管理等内容，进行学员满意度测评。做好培训总结和宣传,按照农业主管部门要求,按时上报总结等相关材料,并配合做好督导检查和验收工作。

6. 加强培训基础建设

结合需求调研,采集符合培训要求人员的产业规模、从业年限、技能水平、培训需求、政策需求等信息,填写新型职业农民培育对象信息采集表,建立个人档案,纳入农业部"新型职业农民培育对象库"进行动态管理。采集聘请师资信息并纳入"全国新型职业农民培育师资库"进行统一管理和使用,原则上每年80%以上的教师要从入库师资中选聘。对入库师资进行考核管理,根据学员反馈信息了解培训效果,作为讲课费发放和是否续聘的主要依据。结合本地实际,以农民合作社、家庭农场、农业龙头企业等为依托,建立农民田间学校等稳定的教学基地和实训基地,并采取适当方式加强基地建设。

第三节 农业职业经理人培育

一、农业职业经理人的素质和能力

农业职业经理人是指运营掌控农业生产经营所需的资源、资本,在为农民合作社、农业企业或业主谋求最大经济效益的同时,从中获得佣金或红利的农业技能人才。他们不但熟悉农业,更重要的是懂经营、善管理,具有较高的职业素养,是新型职业农民队伍中的"白领",在农业经营管理中发挥着越来越重要的作用。

(一)农业职业经理人的素质要求

1. 要有眼光,有胸怀,有胆识

农业职业经理人不能只看眼前利益,要从大局出发,公司、农场或合作社是大家的,是为大家创造财富的,这就需要职业经理人放眼全局。

从事农业职业经理人，没有几年的风吹雨打是历练不出来的，资深农业职业经理人说，一年入门，二年入行，三年赚钱，四年入市（行业市场）。

农业职业经理人要有点"傻子精神"。傻子有4个特质，分别是胆、识、定、修。

"胆"是指一种敢为天下先，挑战主流常规的勇往直前的气魄。

"识"是指突破传统观念束缚，要有与众不同的眼光。

"定"是指抵抗诱惑，心无旁骛，坚忍不拔，锲而不舍的态度。

"修"是指对修身养性，苦练功夫的追求。

胆识是一种智慧。魄力是一种能力。

2. 把下属培养成强者

职业经理人自己能力强固然重要，带出一个能打硬仗的团队更重要。

（1）对信心丧失但有能力的员工。一开始就要他担当重任！激励他找回自信。

（2）对过分自信的员工。自信的员工一般运气好，经常受到领导的呵护，却鲜有锻炼的实际机会。对这种人可辅导性鼓励。

（3）对信心不足的员工。这种人通常容易情绪化，要用公平、公正、平常的心来对待。承认他的努力，让他得到认同感。

3. 善于听取意见

相信集体的力量。不怕问题多，就怕问题找不出来，更怕找不到解决问题的办法，所以，要做到以下几点。

（1）不要空谈远大目标和诱人的结果。要听听大家的真实想法，工作难处。搞农业不能完全靠命令，员工的底子都不厚。

边学边干是常有的事。管理农业生产团队,应该像管理果园一样,只有允许"百花齐放",才能"硕果满园"。

(2)多调查研究。在调查的基础上设计生产管理要素和指标,实事求是地制订实施方案。

(3)要激发员工的学习欲望。农业职业经理人要想方设法建立一个善于学习的、积极的、上进的团队。

(4)会安排时间。开会交代工作要注意把握时间不要拖拉,时间同样是现代农业的效益。

4. 用实力证明自己的价值

农业职业经理人是企业主、农场主和合作社社长赋予你管理农业项目并创造利润的一个职位,不是特权,"不要拿鸡毛当令箭"。作为职业经理人该做的是:不要拿自己的博士、专家、能人"头衔"工作,业绩靠实力说话,有思路,有办法才能证明自己的价值。

(二)农业职业经理人的能力要求

1. 组织策划能力

教练的职责是训练、组织和调度球员比赛,而不是自己上场参赛。职业经理人每天要做的事是组织人力、物力和财力去完成某项任务,怎么组织才有效,需要精心策划。紧接着就是指挥别人具体执行,自己不需要去做具体的事务性工作。记住职业经理人是教练而不是球员。

2. 沟通协调能力

农业职业经理人经常要与四类人沟通:一是与客户和外部关系的沟通;二是和老板或股东的沟通;三是和同僚的沟通;四是和下属的沟通。

很多时候事情的方方面面会不断出现矛盾冲突,不是因为你能力不济,吩咐不到,而是缺乏沟通。任何工作只要沟通到位,没有什么解决不了的问题。善于沟通、有效沟通,可以事先化解矛盾，有利于调动千军万马。

3. 洞察力和判断分析能力

要有敏锐的洞察力，不放过任何问题。大事是怎样发生的？请留意，薄弱环节和容易被人忽视的地方最有可能出大事。

农业职业经理人要能准确判断农业生产或经营中的漏洞和弱点，碰到任何问题能第一时间发现，能合理分析，能提出改善方案。

4. 执行力

农业职业经理人要贯彻既定策略、方针，要向下属做解释工作并负责组织、安排、指导、检查、考核。如果工作不能落实下去，一切都是空谈；落实了不能最终实现，一切都是白做。

执行力是从上到下层层落实的衡量尺度，必须不折不扣。

5. 时间管理能力

农业职业经理人每天忙得焦头烂额、乱作一团不是一件好事，一则说明他的组织计划工作不足；二则没有把下属发动起来；三则乱忙、白忙、效率低下；四则对自己和团队不负责任。农业职业经理人每天要面对各方面的问题，如果不能合理安排自己的工作，有效管理自己的时间，恐怕连吃饭睡觉的时间都没有，事没做好自己先垮了。具备时间管理能力可以把经理人从琐碎的工作中解放出来，去抓重要的工作，把其余工作交给相应的岗位去处理。经理人只有抓住牵一发而动全身的关键，这样才能举重若轻，处理好所有工作。

二、农业职业经理人的岗位职责

1. 遵纪守法的岗位职责

新农村职业经理人获取中介佣金的资本是私有信息和专有知识，如销售渠道、技术参数、市场信息等。这就加重了其业务活动的隐蔽性。为规范新农村职业经理人的业务运作程序、保障委托人的合法权益、减少经济纠纷。必须尽早建立健全有关新农村职业经理人的法律制度。以保障新农村职业经理人经营活动的健康发展。综合各地的经验，农村职业经理人活动有以下4项法律职责。

第一，农村职业经理人服务"三农"的职责。凡具有一定专业知识和中介服务经验，愿意从事经理活动的公民，经过申请、培训，考试合格者，由工商行政管理部门颁发从事经理活动的资格证书。可以在生产资料、生活资料经营和转让，以及在引进资金、信息、工程项目等过程中从事中介服务活动。

第二，办好农村职业经理人服务所的职责。依照有关规定可以从事个体经理业务，开办经理业务或开办新农村职业经理人服务所。

第三，农村职业经理人遵守国家法律、法规和政策的职责。在批准的经营范围内从事新农村职业经理人活动，不准直接进行实物性商品买卖，不得违法经营、弄虚作假，进行诈骗活动。

第四，农村职业经理人缴纳税费的职责。应当按有关规定收取中介费。依法纳税，按有关规定向工商行政管理部门缴纳管理费。

2. 取得佣金的岗位职责

按国际惯例，新农村职业经理人在交易活动发生后，交易各方应到独立的结算机构结算佣金。新农村职业经理人佣金数额与商品成交额挂钩，新农村职业经理人的交易活动若采取私下交易，新农村职业经理人应该主动缴纳个人所得税，保持经理人目标与委托人目标的一致性。

3. 控制信息的岗位职责

新农村职业经理人应该定期向委托人真实地报告业务进展情况，委托人有权定期索取新农村职业经理人的经营业务有关资料，双方均应服从国家管理机构的监督与管理。

三、农业职业经理人培育途径

1. 建立农业职业经理人选拔机制

严格按照"自愿+推荐+审查"原则,将村组干部、种养大户、家庭农场主、农民合作社领办人、农业社会化服务组织负责人等作为重点培育对象,广泛吸纳返乡农民工、回乡大中专毕业生、复员转业军人、熟悉农业生产经营管理人员等各类有志从事农业的人员(年龄在25~55周岁)加入。对遴选出的农业职业经理人培育对象,优先纳入新型职业农民培育计划。

2. 建立农业职业经理人培育机制

充分发挥农业广播电视学校(农民科技教育培训中心)主渠道作用,优化整合农民实用技术培训、专业技术人员培训、新型职业农民培育等资源,采取理论培训与实践操作、集中培训与外出考察、县内培训与高校培训相结合的方式,对纳入培训计划的人员在农业科技管理、农产品市场营销、农产品质量安全、农业信息化、农村金融、农业法律法规等方面进行免费培训。建立农业职业经理人知识更新培训机制,每年遴选部分优秀农业职业经理人到国内一流农业大学和科研院所培训,分产业组织农业职业经理人到国内先进产业基地实地学习培训,提升培养质量。

3. 建立农业职业经理人管理机制

实行农业职业经理人初、中、高分级认定管理制度。对已取得证书的农业职业经理人,由县农业局牵头每两年分别对农业职业经理人职业素养、经营规模、工作业绩、诚信等情况进行考核,考核合格和业绩突出的继续维持或提升等级,考核不合格的降低等级或取消资格。凡出现农产品质量安全、违法违规和失信等问题的,直接取消农业职业经理人资格。同时,加强对高级、优秀、"十佳"农业职业经理人的认定、宣传、表彰和奖励。

4. 建立农业职业经理人服务机制

建立农业职业经理人人才资源信息库,及时公开农业职业经理人特长、绩效、诚信等动态信息,促进在县域、市域和全省内交流聘用。对专业技术水平和工作业绩达到相应等级的,同等纳入职称评审,并颁发相应等级的职称证书。在农广校设立农业职业经理人服务中心,为农业职业经理人提供政策咨询、手续办理等服务。鼓励建立农业职业经理人协会和产业分会,支持在农业职业经理人分类管理交流服务平台建设、分产业现场交流活动组织、新品种新技术新材料试验示范基地建设以及诚信认定、优秀推荐、产地培训等方面充分发挥其作用。鼓励会计代理机构为农业职业经理人经营管理的新型农业经营主体提供财会规范化代理服务。建立健全农业社会化科技服务体系,鼓励支持农业科技人员对农业职业经理人实行结对挂钩、技术帮扶、入户指导,为农业职业经理人提供高效、便捷、及时的科技信息服务。

中 篇
新型农业经营主体经营管理

第三章 家庭农场的管理

第一节 家庭农场发展规划

发展规划是指进行比较全面的长远的发展计划,是对未来整体性、长期性、基本性问题的思考和设计未来整体行动方案。规划有其相应的原则要遵循,同时,也要按一定的方法、步骤、基本内容和要求进行。

一、家庭农场发展规划的原则

1. 因地制宜原则

一是充分利用现有房屋、道路和水渠等基础设施。根据农场地形地貌和原有道路水系实际情况,本着因地制宜、节省投资的原则,以现有的场内道路、生产布局和水利设施为规划基础,根据家庭农场体系构架、现代农业生产经营的客观需求,科学规划农场路网、水利和绿化系统,并进行合理的项目与功能分区。各项目与功能分区之间既相对独立,又互有联系。农场一般可以划分为生产区、示范区、管理服务区、休闲配套区。二是充分利用现有的自然景观,尽量不破坏家庭农场区域内及周围已有的自然园景,如农田、山丘、河流、湖泊、植被、林木等原有现状,谨慎地选择和设计,充分保留自然风景。

2. 提高农业效益原则

家庭农场是在加快城市化进程、转变社会经济发展思路、推动农业转型升级背景下的农业发展新模式，是实施土地由低效种植向高度集成和综合利用，以适应城市发展、市场需求、多元投资并追求效益最大化的有效途径。因此，规划布局应充分考虑家庭农场的经营效益，实现农场开发的产业化、生态化和高效化，达到显著提高农业生产效益、增加经营者收入的目的。

3. 优化资源配置原则

优化配置道路交通、水利设施、生产设施、环境绿化及建筑造型、服务设施等硬件；科学合理利用优良品种、高新技术，构建合理的时空利用模式，充分发挥农业生产潜力；合理布局与分区，便于机械化作业，并配备适当的农业机械设备与人员，充分发挥农机的功能与作业效率。此外，为方便建设，节省投资，建筑物和设施应尽量相对集中和靠近分布，以便在交通组织、水电配套和管线安排等方面统筹兼顾。

4. 挖掘优势资源原则

认真分析家庭农场的区位优势、交通优势、资源优势、特色产品优势，以及农场所在地光、温、水、土等方面的农业资源状况，并以此为基础，合理安排家庭农场的农作物种植、畜禽养殖的特色品种、规模以及种养搭配模式，以充分利用农业资源和挖掘优势资源；在景观规划上，充分利用无机的、有机的、文化的各种视觉事物，布局合理、分布适宜、均衡和谐，尤其在展示现代化设施农业景观方面以达到最佳效果，充分挖掘农场现有自然景观资源。

5. 可持续发展原则

以可持续发展理论为指导，通过协调的方式将对环境的影响减少到最小，本着尊重自然的科学态度，利用当地资源，采取多目标、多途径解决环境问题，最终目标是建立一个具有永续发展、良性循环、较高品质的农业环境。要实现这一规划目标，必须以可持续性原则为基础，适度、合理、科学地开发农业资源，合理地划分功能区，协调人与自然多方面的关系，保护区域的生命力和多样性，走可持续发展之路。

二、家庭农场发展规划的方法

进入农场规划的前提是农场投资者或经营者做好了相关准备工作，比如在农场选址、规模、发展定位、发展方向以及初步投资意愿等方面做了较充分的考虑。在此基础上，选择规划单位进行规划设计。规划单位的选择应充分考虑单位水平、规划人员的文化背景和规划经验。在双方达成正式协议后，开始进入实质性规划阶段。

（一）调查研究阶段

1. 规划（设计）方进行考察

了解农场用地的自然环境状况、区位特点、特色资源、规划范围、收集与农场有关的自然、历史和农业背景资料，对整个农场内外部环境状况进行综合分析。

（1）基础条件。对家庭农场规划场地的作物种植状况、土地流转情况、区域界限、各类型土地面积、地形状况和场地所在地区的气候和土肥情况、水资源的分布与储量状况进行调查，确定该地区所适合种植的农业作物的种类，并根据场地地形地势的差异合理布置作物的种植区域。了解地区的基础设施状况，包括农场所在地交通状况、水利设施、水电气情况等方面。同时，还可以了解地区的环境质量状况，水体、土地的污染程度等，为今后的改善和治理工作打下基础。

（2）社会经济发展状况。家庭农场的发展是以地区的经济发展水平为基础的，一方面家庭农场的开发需要地方经济的支持；另一方面当地经济的发展能带动家庭农场各产业的发展。因此，在规划初期一定要结合地区的经济发展状况确定家庭农场的类型和规模，这样不仅能节约投资，还能避免资源的浪费和对环境破坏的现象。

2. 市场调研

明确市场供求现状和发展前景，是选择项目方向的重要前提。首先要明确调研目标，制订调研方案，然后组织调查，收集基础资料，通过实地调查和分析研究，提出调研报告。

（1）市场供求状况。农产品规模化生产后，还应投入市场中，确定农产品的市场经济价值，只有生产具有市场经济价值的农产品，才能产生更好的经济效益。因此，在规划前期应对当前农产品市场的发展趋势进行预测，确定具有投资潜方的农产品种类，这将有助于家庭农场生产规划的顺利进行。市场的选择大多是对应本地区或是本地区周边省（市），但对于本身基础较好，经济实力较雄厚的家庭农场也可以面向全国，甚至国外市场。

（2）投资经济效益分析。根据市场调查数据的统计分析，结合农场的建设背景和市场容量，确定家庭农场的开发规模和建设项目，从而预测出家庭农场建设的投资成本和收益利润，为农场的顺利建设提供保障。

3. 提出规划纲要

规划纲要包括主题定位、区位分析、功能表达、项目类型、时间期限、建设阶段、资金预算及投入产出期望等。

（二）资料分析研究阶段

（1）分析讨论后定下规划的框架并撰写可行性论证报告，即纲要完善阶段。一般包括农场名称、规划地域范围、规划背景、场内布局与功能分区、时间期限、建设阶段、投资估算与效益分析等内容。

（2）农场经营者和规划（设计）方签订正式合同或协议，明确规划内容、工作程序、完成时间、成果等事宜。

（3）规划（设计）方再次考察所要规划的项目区，并初步勾画出整个农场的用地规划布置，保证功能合理。

(三) 方案编制阶段

(1) 初步方案。规划（设计）方完成方案图件初稿和方案文字稿，形成初步方案。方案包括规划设计说明书、平面规划图及各功能区规划图等。

(2) 论证。农场经营者和规划（设计）方双方及受邀的其他专家进行讨论、论证。

(3) 修订。规划（设计）方根据论证意见修改完善初稿后形成正稿。

(4) 再论证。再论证主要以农场经营者和规划（设计）两方为主，并邀请行政主管部门或专家参加。

(5) 方案审批。上级主管及相应管理部门审查后提出审批意见。

(四) 形成规划文本阶段

规划文本包括规划框架、规划风格、分区布局、道路规划、水利规划、绿化规划、水电规划、通信规划和技术经济指标等文本内容和绘制相应的图纸。文本力求语言精练、表述准确、言简意赅。

(五) 施工图件阶段

施工图纸包括图纸目录、设计说明书、图纸、工程预算书等。图纸有场区总平面图，建筑单位的平、立、剖面图，结构、设备施工图等。这是设计的最后阶段，主要任务是满足施工要求，同时，做到图纸齐全、明确无误。

三、家庭农场发展规划的内容

(一) 区位与选址

1. 家庭农场的区位选择

家庭农场的区位选址需从气候、光照、温度、土壤、水源等与农业生产直接相关的因子及农业科技、配套设施等多个方面考虑。影响家庭农场规划选址的因素很多，其主要的影响因素体现在以下4个方面，即基础条件、经济基础、科技水平和人文资源。

（1）基础条件。基础条件是指家庭农场选址地的实际情况，主要包括自然环境条件、用地条件和基础设施条件。基础条件对农场选址有直接的影响，关系到农场的产业规模、空间布局及主导产业发展方向等问题。

①自然环境条件：家庭农场基址的自然环境条件主要涉及气候条件、水文与水质条件、生物条件等。气候条件的影响因子主要是指对农作物的生长至关重要的光照、温度和降水量。优质丰富的水资源不但能为农场内的生产和生活提供用水，而且可以作为景观资源进行开发。生物条件主要包括场内种养现状、微生物的种类及生长状况，影响农场内功能分区与布局。良好的自然环境条件既是发展农业生产的基础，也是决定家庭农场选址的关键。

②用地条件：用地条件影响家庭农场项目的开展和建设，因此也是选址的重要因素之一。这主要体现在地形地貌、坡度、用地类型和土地流转集中状况几个方面。常见的地形地貌从坡度分布与分级、沟谷分布数量结构等方面来考虑，主要分为高原型、平原型、盆地型、山地型、丘陵型和岛屿型，不同地形地貌特征使农场类型多样，进而影响到农场的产业类型。总体原则是因地制宜，统筹兼顾，突出特色。坡度对景观营造和建筑道路建设起着重要影响。通过租用、入股等多种形式，促进土地流转，适度集中连片，是影响农场分区布局的重要因素，是兴建农场的重要前提。

③基础设施条件：家庭农场选址地内及周边的水、电、能源、交通、通信等基础设施是农场规划建设中不可缺少的条件和因素。选址地基础设施条件直接关系到农场开发建设的难度和投

资的金额。便利的外部交通有助于区域外的人力资源、技术资源、信息资源、资金等向农场集聚，同时可以提高其招商引资的能力，吸引更多有实力的农业科技家庭农场来投资。便捷的内部交通则保证农场内农产品生产、加工、包装以及运输等有序进行。水电、能源设施是农场进行高科技农业生产的保证。完善的通信设备，有利于保证市场信息、科技信息等的收集、分析和发布。

（2）经济基础。经济基础是指农场规划选址地经济发展状况，涉及经济发展水平、农业发展水平、居民生活水平、资金、市场等许多方面。当地经济环境条件对农场的建设与发展影响很大。对于经济较发达的地区，经济活跃有利于农场集聚资金，产业发达有利于农场生产布局，促进规模化生产和高科技的投入，发展潜力大；反之，潜力小，制约农场及当地产业发展。衡量某地的经济水平的两个重要指标是当地的市场消费能力和投资能力。

①市场消费能力：保障农场未来的农产品能够销售出去是家庭农场立项的必要条件之一，必须予以充分重视。农场所在区域的市场消费能力在很大程度上影响着农场的发展规模和农产品的销售前景，当然也影响着农场经济效益。因此，在农场规划前期，加强市场消费能力的调查分析，是避免造成农产品区域过剩的有效办法。

②投资能力：家庭农场项目资金的来源主要有3种途径，一是申请国家财政资金，主要用于农场基础设施建设和农场发展科技支撑等方面；二是引进家庭农场资金投资；三是当地农民入股投资。农场规划选址时需考虑上述3种方式的投资能力，或加强与银行、投资公司的合作，拓展投资渠道，探索新的投资方式。

（3）科技水平。场地所在地农业科技水平是农场选址应考虑的因素之一。农业科技包括农业生产技术装备、农业机械化程度、农业耕作技术、农业信息化水平、农业经营管理水平等方面。农业科技水平很高,有利于提高劳动生产率。先进和适用的耕作技术应用范围广,农业资源得到更好的优化配置,充分发挥农业生产的地域优势。先进的农业科技有助于促进农民改变传统的价值观念、生产方式和生活习惯,有利于农业生产经营活动,从而不断促进农场的健康良性发展。

(4)人文资源。家庭农场的功能一般不再局限于传统农业单一的生产功能,科普功能、教育功能、休闲观光功能等在一定程度上也成为农场功能的重要组成部分。因此,对于家庭农场,特别是休闲观光农场选址地周围的人文资源进行合理开发,把农牧业生产、农业经营活动与农村文化生活、风俗民情、人文景观等农业生产景观、农村自然环境有机结合,建设成融生产、加工、观光游览、科普教育推广等多功能为一体的综合性家庭农场。

2. 地址选择应考虑的因素

(1)选择宜做较大规模农业生产的地段,地形起伏变化不是很大的平坦地,作为家庭农场建设地址。

(2)选择自然风景条件较好及植被丰富的风景区周围的地段,也可在旧农场、林地或苗圃的基础上加以改造,这样投资少、见效快。

(3)选择利用原有的名胜古迹、人文景观或现代化新农村等地点建设现代休闲农场,展示农村古老的历史文化抑或是崭新的现代社会主义新农村景观风貌。

(4)选择场址应结合地域的经济技术水平、场址原有的利用情况,规划相应的农场。不同经济水平、不同的土地利用情况,农场类型也不同,并且要规划留出适当的发展备用地。

(二)家庭农场布局

布局是对有关事物和事件的全面安排。空间布局从不同的角度可分为空间功能分布、空间结构设计、空间形态设计、空间要素布置、空间层次分析等；根据不同研究内容又可分为产业空间布局、绿地空间布局、居住空间布局等。农场空间布局指的是农场各功能小区的空间布置。

在农场系统规划、建设和运营中，场区空间布局是具有重要影响的基础性和关键性工作。根据农场区域自然条件、地形地貌和开发现状，以优化生产区、生活区、管理区、示范区以及休闲娱乐区等为出发点，合理配置农场内主要建筑物、道路、主要管线、绿化及美化设施。对于家庭农场而言，生产区的作物空间布局优化是主要内容。根据场地作物生产结构要求，按作物重要性、作物田块适宜性、作物适植连片性，形成符合作物结构优化目标的空间布局方案。

1. 空间布局方法

（1）土地用途分区。根据《中华人民共和国土地管理法》和土地利用总体规划的有关技术规范要求，土地用途分区是土地利用总体规划的重要内容。依据农场发展定位、土地资源特点和社会经济发展需要的要求，按照土地用途规则的同一性划分土地空间区及土地用途区。

①基本农田保护区：是指按照一定时期人口和社会经济发展对农产品的需求，依据土地利用总体规划确定的不得占用的耕地。基本农田是耕地的一部分，而且主要是高产优质的那一部分耕地。例如，经国务院有关主管部门或者县级以上地方人民政府批准确定的粮、棉、油生产基地内的耕地；有良好的水利与水土保持设施的耕地，正在实施改造计划以及可以改造的中、低产田；蔬菜生产基地；农业科研、教学实验田；国务院规定应当划入基本农田保护区的其他耕地。

②可调整耕地区：是指将现状为其他农用地，但土地条件可以调整为耕地用途、视作耕地进行管理的土地用途区。

③一般农业区：主要用于农业生产，切实保障种植业的需要以及直接为农业生产服务使用的土地用途区。

④林业用地区：指用于林业生产的土地的总称。包括用材林地、防护林地、薪炭林地、特用林地、经济林地、竹林地等有林地及宜林的荒山荒地、沙荒地、采伐迹地、火烧迹地等无林地、灌木林地、疏林地、未成造林地等。

⑤牧业用地区：是指为畜牧业发展需要划定的土地用途区。

⑥建设用地区：是指为农场建筑发展需要划定的，是利用土地的承载能力或建筑空间，不以取得生物产品为主要目的的用地。

⑦风景旅游用地区：是指具有一定游览条件和旅游设施，除居民点以外，为居民提供旅游、食宿、休假等的风景游览用地和游览设施用地。

⑧人文和自然景观保护区：是指为对自然、人文景观进行特殊保护和管理划定的土地用途区。

⑨其他用地区：是指根据实际管治需要划定的其他土地用途区，其命名按管治目的确定，如可调整耕地区、水源保护区等。

（2）土地开发建设分区。

①重点农用地：农业用地主要用于农业生产及直接为农业生产服务使用。鼓励农业用地区内的其他用地转为农业生产及直接为农业生产服务的用地；按规划保留现状用途的，不得擅自扩大用地面积。控制农业用地区内的农田改变用途。

②重点建设用地：各项建设用地区内的土地要对应用于各项建设，严格执行总体规划；要节约集约利用土地，努力盘活土地存量，确需扩大的，应利用非耕地或劣质耕地。严禁擅自改变土地原有用途；严禁废弃、撂荒土地，能耕种的必须耕种。控制建设用地规模，严格按照国家规定的行业用地定额标准安排建设用地。

③一般建设用地、一般农用地、混合用地：除改善生态环境、法律规定外，不能擅自改变土地利用类型。严格保护基本农田，以及其他专业化农业商品基地建设用地。禁止乱砍滥伐、倾倒废弃物等破坏生态环境和景观资源的行为。

2. 地理区划方法

地理区划是地理科学进行空间差异特征分析的最基本的方法，根据自然地理环境及其组成成分在空间分布的差异性和相似性，将一定范围的区域划分为一定等级系统的系统研究方法。区域划分的主要依据是区域内的资源、环境、发展的基本条件和潜力，现有生产力水平、面临的主要任务及发展方向等方面的一致性。

（1）生态景观。生态景观是指由地理景观（地形、地貌、水文、气候）、生物景观（植被、动物、微生物、土壤和各类生态系统的组合）、经济景观（能源、交通、基础设施、土地利用、产业过程）和人文景观（人口、体制、文化、历史等）组成的多维复合生态体。它不仅包括有形的地理和生物景观，还包括无形的个体与整体、内部与外部、过去和未来以及主观与客观间的系统耦合关系。景观的综合划分是以自然景观、经济景观和人文景观的综合特征的相似性和差异性为前提而进行的，它所要揭示的是景观的全部属性的相似性或差异性，而不是其中的某一方面。

（2）自然景观。根据自然景观的地域分异规律，按地域的相似性和差异性进行地域的划分与合并，即把自然特征相似的地域划分为一个区，在发生差异变化的地方确定为区界；然后，对这些自然特征相对一致的区域的特征及其发生、发展与分布规律进行研究，并按其区域之间的等级从属关系，建立一定的自然区域单位的等级系统。

（3）经济景观。经济景观是指将自然环境各类景观和人文社会各类景观作为一个整体进行研究,探索文化演进中人类对于各类景观资源的消费、创造等行为模式以及由此产生的经济效应和经济活动规律,划分的理论依据是经济景观的地域分异规律。

(4)人文景观。人文景观是社会、艺术和历史的产物,带有其形成时期的历史环境、艺术思想和审美标准的烙印,具体包括名胜古迹、文物与艺术、民间习俗和其他观光活动。例如,一些老村子红军长征遗留下来的标语、新中国成立初期遗留下来的口号等。以人文景观的地域分异规律为理论基础,依其社会文化地域综合体的相似性和差异性进行合并和划分,即按其相似性可以把级别较低的人文景观合并成较高级的人文景观,并依其地域联系逐级排列成一个等级序列,即为人文景观区划。

3. 空间布局模式

大规模的综合性农场,特别是科技示范农场的空间布局可以参照现代农业科技园区布局模式,主要分为矩形布局模式、圆形布局模式、圈层布局模式和园中园布局模式。科技农场的实践不仅可以是某一单一模式的运用,也可以是多种单一模式的综合运用。例如,农场总体布局属于圆形布局模式的,对于局部卫星农场而言也可以采用圈层布局模式或园中园布局模式;对于总体上属于园中园布局模式的,在局部的小园当中也可以采用圈层布局模式。

4. 具体布局方式

家庭农场空间布局要求如下。

(1)要符合区域农业和农村经济发展战略。目前,家庭农场的发展要充分发挥其示范辐射功能,促进周边地区农业和农村经济的发展,推动现代高效农业的发展,繁荣农村经济,带动农民增收,产生良好的经济效益、生态效益和社会效益。

(2)要依据区域农业资源条件。农业资源条件是影响农业产业发展的首要因素,因而家庭农场规划项目时要依据场内地形地貌、土壤类型、气候条件、利用现状等方面来布局。

(3) 要依据农场的功能定位。单一功能家庭农场与多功能综合性家庭农场的空间布局模式显然是不相同的。

(4) 一般规模的家庭农场的布局形式根据非农业用地，也就是核心区在整个农场所处的位置来划分，常有围合式、中心式、放射式、制高式、因地式，如下表所示。

表　农场布局方式与要求

布局形式	非农业用地	农业用地
围合式	整个农场中心	分布在农场四周
中心式	靠近入口处中心	分布在农场内各区域
放射式	农场一角	其余为农业用地
制高式	农场地势较高处	在其下方
因地式	结合实际情况而定	多种方式并用

(三) 家庭农场的分区

家庭农场功能分区时，要有所偏重、有所取舍，做到因地制宜，区别对待。

1. 功能分区原则

(1) 满足农场需求。各功能分区及规划内容要满足农场的各项功能要求，分区因需要而设置。种植区根据不同土地用途，也可划分为不同种植模块，比如旱地种植、稻田种植、林地种植；每个种植模块又可以分为不同作物种植搭配模式。

(2) 充分利用农业资源。农业资源包括现有的水利设施、道路、自然景观。自然资源包括阳光、水、土壤等条件。结合农场现有农业资源因地制宜确定农场各功能区类型，尽可能避免大规模基础设施改造而增加农场建设成本。

(3) 保持空间布局的完整。空间布局指农场各功能区域在农场内部的具体分布,应尽量保持生产区域的规模,不能太细分。同时,注意保持现有的行政界线、生产区的完整。合理的空间布局有利于农场各区域的有效衔接,提升农场生产效率。

(4)注重以人为本。功能分区应遵循以人为本的原则,特别是休闲观光农场,依照生产者和旅游者的双重需要,通过合理布置功能,既方便农场管理与生产农事,又方便游客观光休闲、娱乐体验,实现更高的生产效率和更舒适便捷的观光游览。

2. 分区规划

(1)功能分区要求。

①据情设区:根据家庭农场的建设与发展定位,合理分布农场各区域。种植区、养殖区、休闲区等合理布局。种植区宜农则农,宜林则林,旱地、水田种植结构合理优化,作物搭配、茬口衔接、立体种植科学。整体空间布局可用规范式网状道路或水利形成基本分区骨架,以充分体现农业科学的本质特性和现代农业文化的理念性。

②集中连片:主栽作物应集中连片,便于大面积规模化生产管理;示范类作物按类别分置于不同区域且集中连片,既便于进行生产管理,又可产生不同的季相和特色景观。

③生态安全:养殖区应根据养殖对象的特点,遵循循环农业的基本原则与生态学的基本原理,科学规划、合理布局,进行无害化处理,资源化利用,变废为宝。

④功能多样:科技展示性、观赏性、体验性和游览性强且需相应设施或基础投资较大的其他项目,应相对集中布局于主入口和核心服务区附近,既便于建设,又利于集聚人气。

⑤高效配置:经营管理、休闲服务配套建筑用地,集中置于主入口处,与主干道相连,便于土地的集中利用、基础设施的有效配置和建设管理的有效进行。

(2)功能分区。典型现代综合农场一般可分为生产区、示范区、观光区、管理服务区、休闲配套区等。

①生产区：生产区在家庭农场中占地面积较大，主要用于农作物生产，果树、蔬菜、花卉苗木园艺生产，畜牧养殖、水产养殖，森林经营，故需选择土壤、地形、气候条件较好，并且具有灌溉、排水设施和水源的区域。区内可设生产性道路，以便生产和运输。

②示范区：示范区是家庭农场中进行农业科技示范、生态农业示范、科普示范、新品种新技术展示、设施农业新装备展示的需要而设置的区域，可以体现农场是新技术推广示范的载体，并能向农场周边辐射，加速农业高新技术应用。

③观光区：观光区是家庭农场中人流集中的地方。通常是休闲农场应有的主要功能区，设有观赏型农田、观赏型作物、瓜果、珍稀动物饲养、花卉苗圃等，场内的景观建筑通常多设在此区。选址可选在地形多变、周围自然环境较好的区域，让游人身临其境，感受田园风光和自然生机所带来的身心愉悦。该区域人流集中，要合理地组织空间，并有足够的道路、广场和生活服务设施。

④管理服务区：家庭农场经营管理而设置的内部专用地区，特别是大型的综合性家庭农场，此区内可包括管理、经营、培训、接待、咨询、会议、车库、生活用房等，一般位于大门入口附近，与农场外主干道有车道相连，与场内其他区有车道相连，便于运输。

⑤休闲配套区：在家庭农场中，特别是综合性农场、休闲观光农场，为了满足游人休闲需要而设立。对于单一的生产性农场可以不专设此区。休闲配套区一般应靠近观光区，靠近出入口，并与其他区用地有分隔，保持一定的独立性。规划者应在充分理解旅游者的心理需求的基础上，通过设立采摘区、体验区、观赏区等区域，充分挖掘农场特色资源，彰显农场主题，设计融生产

体验、农耕文化传承、农业知识普及、休闲娱乐于一体的特色项目，营造一个供游客享受乡村生活空间和参与农业生产体验的场所。

(四) 农场产业项目规划

农场的规划设计者必须具有农业科技知识背景和跨学科、多技术的整合能力，否则其规划设计方案就难以达到科学性、合理性和可操作性。因此，对农场规划人员的素质提出了很高的要求。

家庭农场规划中的产业项目设计时，既要考虑满足当地开发条件，又能提升农场经济效益。例如，农作物种植、经济作物种植、花卉苗木种植、水产养殖等的场地条件和设施条件。规划时考虑农场生产技术的先进性，特别是机械化生产技术和现代设施农业生产技术的运用。

1. 规划要求

(1) 因地制宜。长期的农业生产积累和不断调整优化造就了各地不同的农业特色，产业规划要根据当地的区位特征、资源条件、农业基础及社会经济等因素综合考虑，提出适合农场产业发展的规划思路。同时，不同的区域、地段、地形、水文、气候等条件差异对不同产业类型及构成要求不同，需要的技术和设施要求也不同。

(2) 经济效益。农场的项目选择，关系到整个农场的技术水平和经济效益。经济效益是家庭农场生存和发展的主要目标。因此，产业规划时应从实际出发，充分考虑当地资源、市场等方面的优势，抓住当地的农业特色和优势农产品，分析产品市场上的供求关系、价格幅度、风险因子等，弄清农场产品的市场占有额以及市场扩展能力，确定农场产业发展的方向和目标。

(3) 主导产业。选择具有资源、市场、技术等潜在优势和广阔发展前景的产业作为农场的主导产业，通过进一步开发和挖掘，发展成为当地农村或区域经济发展的支柱产业，带动农场及当地的农业产业发展，如水稻产区的有机稻米、四川的无花果、青海的冬虫夏草、重庆的翠藕等。

（4）先进技术。农场的项目选择必须以先进的科学技术为支撑，这样农场不仅可以作为带动区域经济的增长点，而且可以成为高新技术产业培育与成长的源头，向社会各个领域辐射，体现农场的示范作用。

2. 产业规划内容

（1）功能定位。家庭农场产业要根据农场规划的指导思想和发展目标，立足于当地社会经济的实际条件，因地制宜，突出重点，确定恰当的建设内容和技术路线，指导农场产业规划建设，使农场发挥其应有的作用和影响。

（2）主导产业。合理的主导产业可以有效带动农场产业发展的步伐，同时还可以辐射周边地区，促进农业经济的发展。因此，在规划农场主导产业时，首先，要明确当地经济发展状况和农业产业发展趋势，结合国家和当地政府的农业政策及消费市场需求，认真分析主导产业的发展前景和发展空间。其次，应该慎重选择主导产业，通过定性分析和定量分析进行综合筛选，确定符合要求的产业作为农场的主导产业进行培育。种植业、畜牧业、水产养殖业和农产品加工业以及休闲农业等领域，都有可能成为家庭农场的主导产业。

（3）优势产业。优势产业立足于现实的经济效益和规模，注重目前的效益，强调资源合理配置及经济行为的运行状态。家庭农场的优势产业规划应立足于当地农业基础产业的发展现状，在确定了主导产业的基础上，选择主导产业内的优势农产品作为优势产业。例如，种植业中选择优质稻米生产、畜牧业中选择宁乡花猪、黄山鸡、临武鸭养殖等。在农场内为优势产业提供其发挥功能的空间，实现其产业价值。

（4）配套产业。配套产业是指围绕该农场主导产业，与农产品生产、经营、销售过程具有内在经济联系的相关产业。对于以农业生产为主导产业的农场来说，餐饮业、旅游业等第三产业即为该农场的配套产业。观光休闲农场则以观光、娱乐、休闲、养生、体验为主业，农业生产是配套产业。配套产业虽然不能作为农场的主业，但其为保障农场功能的顺利开展，促进农场的全面发展是不可或缺的。

（5）投资概算与资金来源。家庭农场的投资概算主要由固定资产投资和流动资产投资组成，固定资产投资主要用于农场内部兴建厂房、建筑物及购置机器设备等固定资产的费用和其他费用，如土地租赁费、勘察设计费以及平整场地费、建筑工程费、公共基础设施费和人员培训费等。流动资金主要用于购买农业生产所需的材料、燃料、动力等，以及支付工资和进行农场内经营活动过程所需的各种费用。此外，还必须考虑到农场建设前期的沉淀费用和未来在农场建设过程中的管理费用以及不可预见费用。

农场的开发建设资金投入较大，因此，应鼓励和吸引社会各方面力量参与投资，不断开辟新的资金来源渠道，形成多渠道、多层次的投资机制。资金来源主要有以下几个方面：一是国家财政资金申请，主要用于农场基础设施建设和农场发展科技支撑等方面；二是积极鼓励金融机构融资、引进家庭农场资金投资，甚至是家庭农场来投资兴办家庭农场；三是加强引导广大农户以土地、劳动力、资金等各种生产要素及以承包、入股等形式建立股份制家庭农场。

（6）效益分析与风险评估。经济效益主要是指农场建成后对农场本身及辐射区带来的直接经济利益和间接经济利益。社会效益主要表现在提供就业岗位、改善社会生活环境、提高居民综合素质、改善投资环境、增加财政税收等方面；同时通过农场的技术辐射，还可带动地区农业产业的发展及农业产业结构的全面升级。生态效益是在产业规划时运用了生态环保、循环利用的理念，将农业发展建立在"绿色生产"基础上，构建生态产业链，在提高农场生产效率的同时，维护农场的生态环境。

家庭农场的主要风险包括市场风险、技术风险、经济政策风险、工程风险、财务风险、投资估算风险、社会影响风险、环境风险等。风险评估一般采用专家调查法、层次分析法、CIM法及蒙特卡洛模拟法等基本方法进行。主要考虑的是市场行情、时间衔接、技术安排和项目管理等各方面出现偏差时造成农场效益发生变化，威胁投资安全的问题。

（7）组织管理与运行机制。一是家庭农场的组织管理与运行应遵循市场化运作，最大限度调动农场从业人员的生产积极性和主动性，以农场效益为核心开展农场各项活动。二是发展产业化经营，如"公司+农场"。三是避免过多的行政干预，政府主要是负责协调、指导、监督农场建设，保证农场规范运营。四是农场应建立完善的人才招聘机制、激励机制及利益共享机制，完善各种规章制度，保证农场各项活动有序进行。另外，为了加强农场的科技含量，可以与科研单位、大专院校等建立合作关系，及时了解最新的农业技术和科研成果。

（8）保障措施。完善农场技术保障机制。依托科研院所，通过成果转让、项目咨询、技术培训等方式为农场的发展提供技术支持。

制定和完善配套政策。为建设家庭农场的投资者、创业人员、高新产业等提供优惠的政策支持。

加强农场社会化服务体系建设。加强农业信息网络建设，完善农产品供求和价格信息采集系统、农业环境和农产品质量信息系统等，为农场发展提供信息服务平台。

建立多层次、多形式、多渠道的投资机制。形成从政府财政投入为导向,信贷投入为依托,家庭农场、农民投入为主体,社会资金和外资投入为补充的多元化农业投资格局。

3. 农场产业分类

(1) 农业生产。作物种植包括大田作物种植、旱地作物种植、园艺作物种植等;林业包括苗圃、花圃、林地、森林公园等;畜牧业包括牧场、家禽养殖场等;渔业包括大型鱼类养殖场、特种鱼类养殖场等。

(2) 加工业。加工业属于第二产业范畴,是对农业产业链的延伸。例如,米业公司进行稻米深加工、蔬菜加工家庭农场对蔬菜加工,价值提升;果品加工改善果品外观品质,或进行深加工处理,开发附加产品,促进农村剩余劳动力就业,增加农民收入。

(3) 休闲农业与乡村旅游业。休闲农场、农家乐、休闲农业园区、休闲农庄、民俗村等以当地农村生活和农业劳动场景为背景开展的融观光、休闲、学习、体验于一体的综合项目,利用农村设施与空间、农业生产场地、农业产品、农业经营活动、自然生态、农业自然环境、农村人文资源等,经过规划设计,以发挥农业与农村休闲旅游功能,增进游客对农村与农业的体验,提升旅游品质,促进乡村旅游业的发展,增加农村就业机会和农民经济收入。

(五) 景观规划

农田是景观,农场是景区,农业生产即为景观表达的过程,但对于生产性农场来说,并不是主要内容。在进行家庭农场景观规划时,有机地组配自然素材、人工素材、事件素材,有效地表达与显现家庭农场景观的形象、意境和风格。因此,家庭农场也可以是美丽优雅的风景区。

1. 规划要求

(1) 斑块构建。以生态理论为指导,建设高效人工生态系统,实行土地集约经营,保护连片基本农田、优质耕地斑块;控制建筑斑块盲目扩张,构建景观优美,人与自然和谐的宜居环境;重建植被斑块,因地制宜地增加绿色廊道和分散的自然斑块,补偿恢复景观的生态功能。

(2) 树种选择。功能区域边界、道路两旁、防护林等地绿化规划以乡土树种为主。这类植物适合当地环境条件,具有较强的适应性和抗性,而且可以体现民族特点和地方风格,且易于就近获得种苗,加快了农场绿化进程,既利于形成景观,又节约养护成本。

(3) 立体结构。根据植物的生态学特性,合理配比乔、灌、草、花、菜,形成高低有致、疏密结合的植物群落关系,形成和谐、有序、稳定的植物群落景观,达到赏心悦目的效果和体现休闲功能。

2. 规划内容

(1) 道路水系。道路、水渠、防护篱勾画出农场空间格局,自然引导,畅通有序,体现了景观的秩序性和通达性。而且家庭农场内一个完整的道路、水系景观的空间结构,为畜禽、农作物、昆虫等各种动植物提供良好的生存环境和迁徙廊道,是场(园区)中最具生命力与变化的景观形态,是理想的生态走廊。在一些农业历史文化展示的景观模式中,道路及水系景观保留了丰富的历史文化痕迹,这也是我们家庭农场规划的一项重要内容。

(2) 设施农业工程。农业工程设施景观包括库塘、沟渠、挡土护坡、防护林、温室大棚、排灌站、喷灌滴灌等农业生产设施景观,既满足农业生产功能,又呈现出特殊的美学效果。农业设施是指各类农业建筑(畜禽舍、温室和塑料大棚等)能对环境进行调控的各种设备(采暖、光照、通风设备等);环境自动监测和控制系统,如蔬菜育苗设施、植物工厂、沟渠、山塘水库等。

（3）农业生产。在大多数景观模式的规划中，农业生产景观是最基本和主要的内容。作物间套种搭配形成多层、立体、高效利用景观，稻田立体种养共栖模式，露地随季节变化的稻、油菜、果、菜等作物的季相色彩，温室内反季节栽培的蔬菜、瓜果和鲜活的畜禽水产等，无论在农业公园、农业庄园、风光田园、休闲农场等园（区）都是不可缺少的景观规划内容。

（4）环境绿化。绿化环境景观规划是农场总体景观的一个有力的补充和完善。对于综合性农场，在规划时首先应考虑到不同作物生长对光照有不同的要求，不能影响作物生长，因此，在树种选择上可选用一些具有经济价值的林果、花、灌木等，也可以乡土树种为主，衬托出自然的农林感。

春、夏、秋、冬园艺园林植物与大田作物的季相变化和果树的春华秋实、农场的人景亲和、道路绿化带的赏心悦目，构建了农场景象的时空特征、景观多样性和异质性。

（六）道路规划

1. 规划要求

（1）因需而定。由道路功能定路宽、结构及路面材质，做到既美观又实用。

（2）便利通畅。以科学、有效、便捷为准则，场内道路既要利于生产经营，又要便于集散人流、物流。

（3）网状分布。道路成网规范，功能配套，合理分隔农场内各大小区域。

（4）功能明确。道路线形要与总体规划相结合，有主有次，并具有明确导向功能。

（5）节约用地。充分利用现有道路，并与供排水网结合，尽量节约土地。

2. 规划功能

（1）种植区、养殖区主要是生产服务的专用道和游览观光的兼用道。

（2）集散区内人流、车流、物流的网格状交通主、次干道。

（3）成为各不同级别功能区的自然分界线，便于管理和经营。

（4）休闲观光农场，还应考虑服务区、管理区内游览观光用的游览车道和交通便道。

3. 规划内容

交通道路规划包括对外交通、入内交通、内部交通、停车场地和交通附属用地等方面。

（1）对外交通。对外交通指由其他地区向农场主要入口处集中的外部交通，通常包括公路、桥梁的建造和汽车站点的设置等。对外交通对于农场的整体发展至关重要。在进入农场的道路设置有趣的引导标志吸引人的视线和激发其进入农场的强烈欲望。

对于观光休闲农场，外部引导路线的长度是极其重要的。根据游客不同出行方式的心理感受，在距离农场 5 千米处，设置大型广告牌。通过农场的实际照片及简单文字，介绍农场性质和特色项目。在整条外部引导路线上，每隔 500 米设置一处和农场主题、景点有关的雕塑，样式、形态、大小要有节奏变化。

（2）入内交通。入内交通指农场主要入口处到农场的管理、服务或接待中心间的道路，路面要求较宽、美观、实用。

（3）内部交通。内部交通系统的规划内容主要包括以下 3 个方面：一是道路交通流线尽可能利用或选择自然现存的通道，如现有道路、河流等。二是道路宽度要根据农场的性质以及各个功能区的特点与作用来确定主干道路、主要道路和次要道路及其宽度。三是交通方式主要有地面交通和水上交通，主要包括车行道、步行道等。

一般农场的内部交通道可根据其宽度及其在农场中的串联组织作用分为以下3种。一是主干道路。主干道路连接农场中主要区域及景点，构成农场道路系统的骨架。休闲农场在道路规划时还应尽量避免让游客走回头路。二是主要道路。主要道路要伸出各生产小区，路面宽度约为3米，便于农用机械的入区操作。三是次要道路。人行道路为各生产小区内的行走小路。布置比较自由，形式较为多样，对于丰富农场内的景观起着很大作用。

（七）场内水电规划

1. 规划要求

（1）农场内外水系贯通，有水源或有进水，排水通畅。

（2）充分利用原有的主要水系及水利工程，节省投资。

（3）场内灌排工程要因地制宜。

（4）分别考虑生产和生活用水。

（5）计算用电负荷，科学架设电网，安全布置电路。

2. 规划内容

（1）灌排水设施规划。

①灌、排、蓄兼用：包括农场内主干水系。

②灌溉专用：场田内用与进水的硬质沟渠及喷、滴灌等用的各级专用干支管道。

③排水专用：场田内各级排水沟系，一般宽1.0~1.2米，深0.5~0.8米。

④种养兼用："果—基—鱼塘""猪—沼—果（茶、林）—渔"等生态工程区。

⑤造景、养殖兼用：生产区、示范区、观光区、管理服务区内新开挖的池塘。

（2）生活用水规划（估算）。

①农场根据最高常住人口估算，最高日需水量按200升/

(人·日）计。

②休闲农场规划则根据最高日流动人口估算，最高日需水量按100升/（人·日）计。

③规划家禽、水产类养殖及其他用水量。

(3) 生产用水规划。

①根据生产区不同作物种类、畜类、鱼类的需水特性来确定灌溉用水量。

②现有水利设施常年储水能力与供水能力。

(4) 供水方式规划。

①利用农场现有自来水供水管网增容解决。

②农场自建小型深井自来水厂以补充不足和以防不测。

③生产用水利用山塘、水库等储水设施供水。

(5) 排水规划。

①生活污水无害化处理后排入场外界河，也可直接作为农业生产灌溉用水。

②雨水通过集水系统汇入农场内山塘、水库、河沟，蓄作灌溉用水。

(6) 供电规划。

①农场的生活、生产和经营用电通过增容解决。

②用电量估算：农场每年的常规民用电量常设人员按50千瓦·时/（人·月）计，经营用电（旅游接待）按每人次0.5千瓦·时计，农业及绿地养护每年用电量按每亩100千瓦·时计，从而估算出农场近期5~10年、中期为10~20年、长期为20~50年的年用电量。

③电力线布局依路（沟）立杆架线而建，建议农场内特别是休闲服务区、生活区和文体教育项目区采用地下电缆。

(八) 通信电信规划

1. 电话

家庭农场按照需要可在家庭生活区配备电话；综合性生产农场可在各生产区配备电话；休闲农场可在管理经营区、休闲服务区、家庭农场区及各生活区管理站，均安装程控电话。一般每个管理区、生产经营和生活单元配置一部电话，其中，部分单位可搞内部小总机。

2. 电视

规划时把所在地区的有线电视电缆敷进农场。

3. 电脑网络

农场内进行规划每个有关管理、经营和生活单元均配备电脑，并连接互联网。

(九) 设施规划

1. 生产设施

农场特别是农业观光农场的生产设施主要包括种植大棚和温室建筑2种，生产设施是农场的重要组成部分，既是农民生产不可或缺的设施，又是游客观光、采摘等活动项目的主要区域。因此，在规划设计时，应结合农场的主题及性质，设置相应的形式及规模。生产设施规划要求如下。

(1) 满足生产需要。生产设施规划既要满足农业生产需要，也要满足游客的游览需要，不可片面追求经济效益而忽略观赏价值。

(2) 科技含量高。生产设施规划应利用高科技，结合现代技术材料，充分体现现代农业的特点和优势。

(3) 因地制宜。生产设施规划应充分考虑农场环境和农业资源特点，因地制宜进行布局，避免对环境的干扰和破坏。

2. 服务设施

服务设施主要针对休闲观光农场等综合性农场，服务设施主要包括餐厅、别墅、宾馆、购物中心等，为游客的餐饮服务、住宿休息、商品购物、娱乐休闲等活动提供舒适的场所。在规划设计时，应依据农场的性质、功能、乡村资源、游客的规模与结构，以及地形、环境等自然条件，设置相应规模、形式的服务设施。服务设施规划要求如下。

（1）应据客源确定园区发展规模，避免过度建设造成浪费。

（2）应结合农场性质及主题，完善其功能，以满足游客的不同需求。

（3）必须布局合理，既要交通便捷，又要靠近景点，同时，避开农业生产区，减少对农作物的干扰。

（4）在规划设计时，一定要与景观环境相融合，并且与农场整体风格相一致。

3. 小品设施

小品设施主要包括建筑小品和环境小品。在定位和造型上都有较高的要求，应该以分散、点景的方式进行建筑布局。小品设施规划主要包括以下两点原则。

（1）小品设施规划应尊重环境，结合景点布置。小品设施设置必须充分尊重地块的自然生态环境，使各类生物得以繁衍生息，从而保持并且提高观光园的环境品质。在建设时充分尊重环境容量，将对环境的影响与破坏降到最低限度。

（2）小品设施布局应因地制宜，凸显农场特色。合理布局小品设施，充分考虑地块的农业景观资源以及周边的游憩项目内容，布置相应的小品设施。小品设施的风格及形式必须因地制宜、融入自然，同时，突出农场的特色，成为农场内的微型景点。

第二节 家庭农场的要素管理

一、家庭农场的制度管理

家庭农场作为农业生产组织者、食物提供者,是农业新型经营主体的主力军,在现代农业产业化发展的过程中具有基础性的地位和作用,为此,加强家庭农场的规范化建设成为促进农业产业化发展的当务之急。家庭农场规范化建设涉及许多管理内容,其中,加强制度建设是首要工作。

家庭农场的管理制度涉及许多内容,主要包括如下基本制度。

(一)家庭农场章程

家庭农场章程是管理制度的总纲,相当于基本法。主要内容:一是家庭农场组建的规定性,如家庭农场名称、注册地址、主要负责人、经营范围;二是家庭农场出资人的投资、出资方式等;三是规定家庭农场采用的财务会计核算和劳动工资制度的依据;四是家庭农场的解散和清算,包括解散的条件、解散的程序、财产的处置、债务清偿等。

(二)家庭农场岗位责任制度

岗位责任制度主要规定家庭农场各个工作岗位的职责、任务,明确农场成员相互间的分工协作。岗位责任制度应该包括农场主、生产主管、销售主管、人事主管、财务主管等岗位的责任制度。

(三)标准化生产管理制度

家庭农场应结合自身行业特点,科学制定生产操作规范,制定完善各项生产管理制度,严格农业投入品管理使用;严格种子、种畜管理使用;严格按照国家《农药合理使用准则》和

《农药安全使用标准》执行,严格执行禁(限)用农药以及安全间隔期的规定;严禁使用各类禁用药品。家庭农场还应按照产地环境保护、产品质量安全管理要求,加强农产品标准化生产管理,制定标准化生产操作规程,建立健全生产记录档案。

(四)财务管理制度

家庭农场应根据国家规定的会计核算办法,结合自身实际建立健全财务会计制度,准确核算本农场生产经营收支,与家庭其他收支分开。家庭农场应配备必要的专职或兼职财务人员,办理财务会计工作。有条件的可以聘请有资质的会计机构或会计人员代理记账,实行会计电算化。

(五)品牌和示范创建制度

家庭农场应加强品牌创建工作,制定有关品牌创建与管理的制度,积极争取无公害农产品、绿色食品、有机食品和国家地理标志认证,积极申报注册产品商标,积极参与产品展示、推介、交流活动。

(六)雇用工管理制度

家庭农场以家庭成员为主要劳动力,要减少或控制雇用工数量。家庭农场若长期雇用农工,应签订规范的劳务合同,保障劳动安全,按时足额兑现劳务报酬。并按国家规定参加社会保险,为员工缴纳社会保险费。

(七)其他制度

包括会议制度、培训制度、考勤制度、奖惩制度、档案制度等。

二、家庭农场的生产管理

生产管理是指通过对生产过程中各种自然资源和生产要素的合理组合、生产阶段和生产环节的科学安排,以便取得满意的生产成果和经济效益。

1. 粮食和油料作物的生产管理

粮食和油料作物的生产品种很多,主要是玉米、水稻、大豆、小麦、谷子、高粱、荞麦、小豆、向日葵和芝麻等。尽管这些作物生长特点不同,但在生产管理上也有一些基本要求。主要是掌握各种作物的生长特性,如作物的生长期,对温度、水分、光照、土壤的要求和对矿物质营养的需求;要了解作物轮作,整地与施肥,及时播种,田间管理,适期收获和收获后的加工、整理、储藏等生产技术。在此基础上,才能根据农作物生长发育和收获加工的实际需要,实施有效地生产管理,从而保证和提高农作物的产品数量及质量。

2. 蔬菜生产的管理

蔬菜生产品种多、周期短、季节性强、复种指数高,栽培技术较为复杂,投入人力、物力和财力较多;蔬菜又是鲜嫩的产品,含水量高,容易腐烂变质,多数不耐储存和长途运输,还要求无公害生产,专业化生产水平较高,需要品种多样,均衡供应,淡季不淡,旺季不烂。

蔬菜生产的方式和管理,目前主要有3种:一是露地栽培方式,这在整个蔬菜生产中占比重较大。二是保护地栽培方式,是在塑料大棚和简易温室种植蔬菜。三是温室栽培方式(工厂化生产),对蔬菜的生长发育所需要的条件可以进行人工控制,可全年生产,均衡供应,在解决淡季蔬菜供应中发挥了较大的作用。但投资大、成本高。家庭农场在蔬菜生产中,应根据自身条件,选择适宜的方式,采用先进的科学技术,改善蔬菜生产条件,提高蔬菜储藏和加工能力。

3. 果树生产的管理

果树生产的特点,有利于充分利用土地、劳动力和自然资源,改善居住环境。果树适应性强,山地和瘠薄土地均可栽植,是家庭农场发展多种经营的较好生产项目。果树是多年生植物,适应性比较强，既可以取得较高的经济收入，又可以保护生态环境。但是，果树生产一般是在较长时间内连续投资才能收益，投资回报期较长。根据以上特点，家庭农场进行果树生产应当因地制宜选择树种，实行果粮结合、果林结合，以短养长。在发展果树生产的同时，相应地发展果品加工业，增加经济收入。

在果树生产园地的建设和管理上，首先要根据本地的气候、土壤性质、地势、水源和相关条件，选择好果树生产园地。其次是对果园进行科学规划。建果园是长期生产，一定要做好发展规划，要合理确定果园面积、生产规模和果树品种。还要对果树的栽植地段、品种搭配、行列距离、光照、通风、施肥、灌溉、排水和田、林路、渠等统筹安排，以便于管理。

三、家庭农场的人员管理

(一) 人员招聘

人员招聘是家庭农场人力资源管理中的一个非常重要的环节，它与家庭农场的其他人力资源管理活动之间存在着密切的联系。人员招聘的基本程序包括招聘决策、发布信息、招聘测试、人事决策等四大步骤。

1. 招聘决策

招聘决策是指家庭农场中的最高管理层对大量工作岗位招聘的决定过程。招聘决策的运作可分为以下几步。

(1) 用人部门提出申请。需要增加人员的部门负责人向人力资源管理部门提出需要人员的人数、岗位、要求，并解释理由。

(2) 人力资源管理部门复核。应该到用人部门去复核申请，是否一定要这么多人员。减少一点人行不行？并写出复核意见。

(3) 最高管理层决定。根据家庭农场的不同情况，可以由总经理（场长）工作会议决定，也可以在部门经理工作会议上决定。决定应该在充分考虑申请和复核意见的基础上产生。

2. 发布信息

一旦招聘决策完成后，就应该迅速发布招聘信息。发布招聘信息就是向可能应聘的人群传递家庭农场将要招聘的信息。发布招聘信息直接关系到招聘的质量，应引起有关方面充分重视。发布招聘信息的原则有以下3条。

（1）面广原则。发布招聘信息的面越广，接受到该信息的人就越多，应聘的人也越多，这样招到合适人选的概率就越大。

（2）及时原则。在条件许可的情况下，招聘信息应该尽快地向人们发布，这样有利于缩短招聘进程，而且有利于使更多的人获取信息，使应聘人数增加。

（3）层次原则。招聘的人员都是处在社会的某一层次的，要根据招聘岗位的特点，向特定层次的人员发布招聘信息。

3. 招聘测试

在家庭农场员工招聘过程中，招聘测试是指在招聘过程中，运用各种科学方法和经验对应聘者加以客观鉴定的各种方法的总称。人与人之间是存在差异的，这种差异可以通过各种方法加以区别，这为招聘测试奠定了基础。

家庭农场员工招聘测试的种类很多，目前我国家庭农场比较适用的有以下几种。

（1）心理测试。心理测试是指通过一系列的心理学方法来测量被试者的智力水平和个性方面差异的一种科学方法。

（2）知识考试。知识考试是指主要通过纸笔测验的形式，了解被试者的知识广度、知识深度和知识结构的一种方法。

（3）情景模拟。情景模拟是指根据被试者可能担任的职务、项目，将被试者安排在模拟的、逼真的工作环境中，要求被试者处理可能遇见的各种问题，用多种方法来测评其心理素质、潜在能力的一系列方法。

(4) 面试。面试是指一类要求被试者用口头语言来回答主试者提问，以便了解被试者心理素质和潜在能力的测评方法。

4. 人事决策

人事决策是指人事任免决策，也就是指决定让什么人从事哪一项工作。

(二) 员工培训

员工培训是指由家庭农场人力资源主管部门负责规划、组织，通过教学或经验的方式在知识、技术、态度、道德、观念等方面改进员工的行为方式，以达到期望的标准或水平。家庭农场员工培训，一般说来是针对2种人，一是新录用的员工；二是家庭农场现有员工。

1. 新录用的员工培训

应聘者一旦决定被录用之后，农场中的人事部门应该对他将要从事的工作和组织的情况给予必要的介绍和引导。职前引导的目的在于减少新来人员在新的工作开始之前的担忧和焦虑，使他们能够尽快地熟悉所从事的本职工作以及农场的基本情况，如农场、现状、未来目标、理念、工作程序及其相关规定等，并充分了解他应尽的义务和职责以及绩效评估制度和奖惩制度等。例如，有关的人事政策、福利以及工作时数、加班规定、工资状况等。这一方面可以消除新员工中那些不切实际的期望，充分预计到今后工作中可能遇到的各种困难和问题，了解克服和解决这些困难和问题的渠道；另一方面可以引导新员工了解工作单位的远景目标、工作中的同事以及如何进行合作等。农场有义务使新员工的不适应降至最低，并应使其尽快地调整自我，尽早地适应工作环境。

2. 现有员工在职培训

对员工进行在职培训是为了使员工通过不断学习掌握新技术和新方法，从而达到新的工作目标要求所进行的不脱产培训。工作轮换和实习,是2种最常见的在职培训。所谓工作轮换是指让员工在横向层级上进行工作调整,其目的是让员工学习多种工作技术,使他们对于各种工作之间的依存性和整个农场的活动有更深刻的体验和更加开阔的视野。所谓实习,是让新来人员向优秀的老员工学习以提升自己知识与技能的一种培训方式。在生产和技术领域,这种培训方式通常称为学徒制度,而在商务领域,则称为实习制度。实习生的工作必须在优秀的老员工带领和监督之下进行,老员工有责任和义务帮助实习生克服困难,顺利成长进步。

在职培训多为专业知识与技能培训,这样有助于员工深入了解相关专业的基本知识及其发展动态,有助于提高员工自身的实际操作技能。专业知识与技能培训可以采取脱产、半脱产或业余等形式,如各种短期培训班、专题讨论会、函授、业余学校等。

第三节 家庭农场的财务管理

一、家庭农场的资金管理

资金是市场经济条件下家庭农场生产和流通过程中所占用的物质资料和劳动力价值形式的货币表现,资金是家庭农场获取各种生产资料,保证家庭农场持续发展不可缺少的要素。家庭农场资金是指用于家庭农场生产经营活动和其他投资活动的资产的货币表现。按照资金的价值转移方式,可分为流动资金和固定资金。

1. 家庭农场流动资金管理

流动资金是指在家庭农场生产经营过程中,垫支在劳动对象上的资金和用于支付劳动报酬及其他费用的资金。

(1) 货币资金管理。货币资金是家庭农场流动资金中流动性最强的资金，包括现金、银行存款和其他货币资金。

①现金管理：现金是指家庭农场所拥有的硬币、纸币，即由家庭农场出纳员保管作为零星业务开支之用的库存现款。家庭农场持有现金出于3种需求，即交易性需求、预防性需求和投机性需求。

交易性需求是家庭农场为了维持日常周转及正常商业活动所需持有的现金额。家庭农场每日都在发生许多支出和收入，多数情况下，这些支出和收入在数额上不相等或者时间上不匹配，因此，家庭农场需要持有一定现金来调节，以使生产经营活动持续进行。

预防性需求是指家庭农场需要维持充足现金，以应付突发事件。这种突发事件可能是政治环境变化，也可能是家庭农场的某大客户违约导致家庭农场突发性偿付等。尽管财务主管试图利用各种手段来较准确地估算家庭农场需要的现金数，但这些突发事件会使原本很好的财务计划失去效果。因此，家庭农场为了应付突发事件，有必要准备比日常正常运转所需金额更多的现金。为应付意料不到的现金需要，家庭农场掌握的现金额取决于家庭农场愿冒缺少现金风险的程度；家庭农场预测现金收支可靠的程度；家庭农场临时融资的能力。

投机性需求是指家庭农场为了在未来某一适当的时机进行投机活动而持有的现金。这种机会大都是一闪即逝，如证券价格突然下跌，家庭农场若没有用于投机的现金，就会错过这一机会。

如果家庭农场持有的现金过多，因现金资产的收益性较低，会增加家庭农场财务风险，降低收益；如果家庭农场持有的现金过少，可能会因为缺乏必要的现金不能应付业务开支需要而影响家庭农场的支付能力和信誉形象，使家庭农场遭受信用损失。

家庭农场现金管理的目的在于，既要保证家庭农场生产经营所需要现金的供应，还要尽量避免现金闲置，并合理地从暂时闲置的现金中获得更多的收益。

家庭农场要遵守国家现金管理有关规定。做好库存现金的盘点工作，建立和实施现金的内部控制制度，控制现金回收和支付，多方面做好现金的日常管理工作。

②银行存款管理：银行存款就是家庭农场存放在银行或其他金融机构的货币资金。家庭农场银行存款管理的目标是通过加速货款回收，严格控制支出，力求货币资金的流入与流出同步来保持银行存款的合理水平，使家庭农场既能将多余货币资金投入有较高回报的其他投资方向，又能在家庭农场急需资金时，获得足够的现金。

（2）债权资产管理。债权资产是指债权人将在未来时期向债务人收取的款项，主要包括应收账款和应收票据。

①应收账款管理：家庭农场应收账款管理的重点，就是根据家庭农场实际经营情况和客户信誉情况制定家庭农场合理的信用政策，这是家庭农场财务管理的一个重要组成部分，也是家庭农场为达到应收账款管理目的必须合理制定的方针策略。信用政策包括信用标准、信用期限、折扣政策和收账政策等。

信用政策制定好了以后，家庭农场要从3个方面强化应收账款信用政策执行力度：一是做好客户资信调查。一般来说，客户的资信程度通常取决于5个方面，即客户的品德、能力、资本、担保和条件，也就是通常所说的"5C"系统，这5个方面的信用资料可以通过财务报表、信用评级报告、商业交往信息取得。对上述信息进行信用综合分析后，家庭农场就可以对客户的信用情况作出判断，并作出能否和该客户进行商品交易，做多大量，每次信用额控制在多少为宜，采用什么样的交易方式、付款期限和保障措施等方面决策。二是加强应收账款的日常管理工作。具体来讲，可以从以下几个方面做好应收账款的日常管理工作：做好基础记录，了解客户（包括子公司）付款的及时程度；检查客户是否突破信用额度；掌握客户已过信用期限的债务；分析应收账款周转率和平均收账期，看流动资金是否处于正常水平；对坏账损失的可能性预先进行估计，积极建立弥补坏账损失的准备制度；编制账龄分析表等。三是加强应收账款的事后管理。确定合理的收账程序，确定合理的讨债方法。

②应收票据管理。应收票据包括期票和汇票。期票是指债务人向债权人签发的，在约定日期无条件支付一定金额的债务凭证。汇票是指由债权人签发（或由付款人自己签发），由付款人按约定付款期限，向持票人或第三者无条件支付一定款项的凭证。家庭农场为了弥补无法收回应收票据而发生的坏账损失，应建立和健全坏账准备金制度。

（3）存货管理。存货是指家庭农场在正常生产经营过程中持有的、为了销售的产成品或商品，或为了出售仍然处于生产过程中的产品，或在生产过程、劳务过程中消耗的材料、物料等。家庭农场存货除上述项目外，还包括收获的农产品、幼畜、生长中的庄稼等。

家庭农场置留存货的原因：一方面是为了保证生产或销售的经营需要；另一方面是出自价格的考虑，零购物资的价格往往较高，而整批购买在价格上有优惠。但是，过多存货要占用较多资金，并且会增加包括仓储费、保险费、维护费、管理人员工资在内的各项开支。因此，进行存货管理目标就是尽力在各种成本与存货效益之间作出权衡，达到两者的最佳结合。

家庭农场提高存货管理水平的途径主要有：严格执行财务制度规定，使账、物、卡相符；采用 ABC 控制法，降低存货库存量，加速资金周转；加强存货采购管理，合理运作采购资金，控制采购成本；充分利用 ERP 等先进的管理模式，实现存货资金信息化管理。

2. 家庭农场固定资金管理

（1）固定资金的特点。固定资金是指家庭农场占用在主要劳动资料上的资金，其实物形态表现为固定资产，如工作机器、动力设备、传导运输设备、房屋及建筑物等。家庭农场固定资产还包括土地、堤坝、水库、晒场、养鱼池、生物性生物资产等。家庭农场把劳动资料按照使用年限和原始价值划分固定资产和低值易耗品。对于原始价值较大、使用年限较长的劳动资料，按照固定资产来进行核算；而对于原始价值较小、使用年限较短的劳动资料，按照低值易耗品来进行核算。

固定资产在较长时期内的多次生产周期中反复发挥作用，直到报废之前，仍然保持其实物形态不变。固定资产在使用过程中不可避免地会发生磨损，其价值也会随着它的损耗程度逐渐地、部分地转移并从产品实现的价值中逐渐地、部分地补偿。

固定资金在运动周转中表现出以下特点：周转期长；固定资产资金的价值补偿和实物更新分别进行；固定资金的投资是一次性的，而投资的收回分次进行。

（2）固定资产管理的基本要求。固定资产具有价值高，使用周期长、使用地点分散、管理难度大等特点，为了保证生产对固定资产数量和质量的需要，同时，还要提高固定资产的利用效率：第一，家庭农场要正确核定固定资产的需用量；第二，要保证固定资产的完整无缺；第三，要不断提高固定资产的利用效率；第四要正确计算和提取固定资产折旧；第五，要加强固定资产投资预测和决策。

二、家庭农场的融资管理

（一）家庭农场融资的特征

作为我国新型农业经营主体，家庭农场与一般的农户相比，在融资方面有四点特征。

1. 融资额度扩大化

与普通家庭经营的农户相比，家庭农场实现规模化经营，在融资方面表现为额度扩大化以及融资期限多元化等方面。家庭农场一般由于集约化经营，需要流转一定规模的土地，因此具有较大的经营规模，需要较为先进的物质装备，承担较多的土地流转费、农机购置费等投入，金融需求的总量由过去的小额分散逐渐向集中大额度金融需求转变。

2. 金融服务多样化

作为新型农业经营主体类型的家庭农场，其经营规模、产业链长度、营销渠道与传统家庭农户具有较大的差异，因而融资需求呈现多样化的特征，引入资本、发行债券、管理咨询、现金管理等非信贷类银行服务需求明显增多。

3. 农业保险意识增强化

家庭农场相比于传统农户，投资规模更大，投资周期更长，因此，相比于传统农户，经营过程中对于农业保险、期货套期保值等抗风险型的金融需求意识强烈，对健全的农村金融风险转移和补偿机制的需求更为迫切。

4. 融资需求延伸化

随着现代农业产业化的发展，农村一、二、三产业的融合发展，家庭农场作为农业产业化的基础力量，信贷需求从传统的生产环节逐渐向全产业链延伸，逐渐涉及农产品加工、流通、销售等多个环节，对传统的金融服务提出了更高的要求。在客观上加大了对家庭农场相适应的全方位、综合性的金融服务的需求。

（二）家庭农场融资的方式

作为家庭农场主，可以通过国家财政资金、贷款和自筹等3种方式进行融资。

1. 国家财政资金（政府资金投入）

近年来，我国各级政府对家庭农场进行了大量的资金投入，然而，这些资金投入相对于农场主们对资金的需求还远远不够。此外，各地区资金投入差异较大，我国财政还没有为家庭农场设立专项发展资金的现象。家庭农场建设初期，加大政府资金投入，确保财政补贴政策的有效实施能够帮助部分家庭农场摆脱融资难题。

2. 贷款（金融机构贷款）

家庭农场在创业初期，由于处于投资期而往往很难盈利，周转资金不足，很多农场主想到通过贷款的方式缓解经济压力。然而，我国普遍存在着"贷款难"的现象。由于银行业等金融机构实施较为严格的贷款抵押担保制度，农场主们通常缺乏有效的抵押手段，作为固定资产——土地又是通过土地流转而得来的，缺乏抵押品的特征。因此，这种"贷款难"的现象需要政府、金融机构和农场主们共同协调才能得以解决。贷款难题的解决将会大幅度地改善融资困境。

3. 自筹（民间资本参与）

随着家庭农场的逐步推广，资金难题完全依靠政府补助已不现实，大部分资金还是需要农场主们自我筹集。如今，国内家庭农场的基础设施投入近80%是来自农场主们的自有资金和民间借贷。多数家庭农场实行"两费自理"（"两费"指的是生产费用和生活费用），这种自给自足的经营模式给农场主们的融资施加了极大的压力。农场主的部分自有资金因用于租用土地，已不能满足基础设施的投入。又因为从金融机构难以取得贷款，农场主选择向周围的人借用资金。而这些资金只能暂缓应对初期投资问题，对于真正解决融资问题作用很小。但民间资本参与的自筹形式是成本低、速度快的一种筹资方式。

三、家庭农场成本费用管理

成本是商品价值的组成部分。人们要进行生产经营活动或达到一定的目的,就必须耗费一定的资源(人力、物力和财力),其所费资源的货币表现及其对象化称为成本。

(一)成本与费用的概念

成本与费用是2个不同的概念。成本一般指生产经营成本,是按照不同产品或提供劳务而归集的各项费用之和。我国现行财务制度规定,产品成本是指产品制造成本,是生产单位为生产产品或提供劳务而消耗的直接材料、直接工资、其他直接支出和制造费用的总和。费用常指生产经营费用,是家庭农场在一定时期内为进行生产经营活动而发生的各种消耗的货币表现。

成本与生产经营费用都反映家庭农场生产经营过程的耗费,生产费用的发生过程往往又是产品成本的形成过程。两者的区别在于耗费的衡量角度不同,成本是为了取得某种资源而付出的代价,是按特定对象所归集的费用,是对象化了的费用;费用是对某会计期间家庭农场所拥有或控制的资产耗费,是按会计期间归属,与一定会计期间相联系而与特定对象无关。另外,生产经营费用既包括直接费用、制造费用,还包括期间费用,产品成本只包括直接费用和制造费用。

(二)成本与费用的构成

1. **产品成本项目构成**

(1)直接材料。直接材料是指生产商品产品和提供劳务过程中所消耗的,直接用于产品生产,构成产品实体的原料及主要材料、外购半成品及有助于产品形成的辅助材料和其他直接材料。

(2)直接工资。直接工资是指在生产产品和提供劳务过程中,直接参加产品生产的工人工资、奖金、补贴。

(3)其他直接支出。即包括直接从事产品生产人员的职工福利费等。

(4)制造费用。制造费用是指应由产品制造成本负担的,不能直接计入各产品成本的有关费用，主要指各生产车间管理人员的工资、奖金、津贴、补贴，职工福利费，生产车间房屋建筑物、机器设备等的折旧费，租赁费（不包括融资租赁费），修理费、机物料消耗、低值易耗品摊销，取暖费（降温费），水电费，办公费，差旅费，运输费，保险费，设计制图费，试验检验费，劳动保护费，修理费。

2. 期间费用项目

期间费用是指家庭农场本期发生的、不能直接或间接归入营业成本，而是直接计入当期损益的各项费用，包括销售费用、管理费用和财务费用等。

（1）销售费用。家庭农场在销售过程中所发生的费用。具体包括应由家庭农场负担的运输费、装卸费、包装费、保险费、展览费、销售佣金、委托代销手续费、广告费、租赁费和销售服务费用，专设销售机构人员工资、福利费、差旅费、办公费、折旧费、修理费、材料消耗、低值易耗品摊销及其他费用。但家庭农场内部销售部门属于行政管理部门，所发生的经费开支，不包括在销售费用之内，而应列入管理费用。

（2）管理费用。即家庭农场管理和组织生产经营活动所发生的各项费用。管理费用包括的内容较多，具体包括公司经费，即家庭农场管理人员工资、福利费、差旅费、办公费、折旧费、修理费、物料消耗、低值易耗品摊销和其他经费；工会经费，即按职工工资总额的一定比例计提拨交给工会的经费；职工教育经费，即按职工工资总额的一定比例计提，用于职工培训学习以提高文化技术水平的费用；劳动保险费，即家庭农场支付离退休职工的退休金或按规定交纳的离退休统筹金、价格补贴、医药费或医疗保险费、退职金、病假人员工资、职干死亡丧葬补助费及抚恤费、按规定支付离休人员的其他经费；差旅费，即家庭农场董事会或最高权力机构及其成员为执行职能而发生的差旅费、会议费等；咨询费，即家庭农场向有关咨询机构进行科学技术经营管理咨询所支付的费用；审计费，即家庭农场聘请注册会计师进行查账、验资、资产评估等发生的费用；诉讼费，即家庭农场因起诉或应诉而支付的各项费用；税金，即家庭农场按规定支付的房产税、车船使用税、土地使用税、印花税等；土地使用费，即家庭农场使用土地或海域而支付的费用；土地损失补偿费，即家庭农场在生产经营过程中因破坏土地而支付的土地损失补偿费；技术转让费，即家庭农场购买或使用专有技术而支付的技术转让费用；技术开发费，即家庭农场开发新产品、新技术所发生的新产品设计费、工艺规程制定费、设备调整费、原材料和半成品的试验费、技术图书资料费、未获得专项经费的中间试验费及其他有关费用；无形资产摊销，即场地使用权、工业产权及专有技术和其他无形资的摊销；递延资产摊销，即开办费和其他资产的摊销；坏账损失，即家庭农场按年末应收账款损失；业务招待费，即家庭农场为业务经营的合理需要在年销售净额一定比例之内支付的费用；其他费用，即不包括在上述项目中的其他管理费用，如绿化费、排污费等。

（3）财务费用。家庭农场为进行资金筹集等理财活动而发生的各项费用。财务费用主要包括利息净支出、汇兑净损失、金融机构手续费和其他因资金而发生的费用。利息净支出包括短期借款利息、长期借款利息、应付票据利息、票据贴现利息、应付债券利息、长期应付融资租赁款利息、长期应付引进国外设备款利息等，家庭农场银行存款获得的利息收入应冲减上述利息支出；汇率损失指家庭农场在兑换外币时因市场汇价与实际兑换汇率的不同而形成的损失或收益，以脱离因汇率变动期末调整外币账户余额而形成的损失或收益，当发生收益时应冲减损失；金融机构手续费包括开出汇票的银行手续费等。

（三）家庭农场成本费用管理

加强成本费用管理，降低生产经营耗费，有利于促使家庭农场改善生产经营管理，提高经济效益，是扩大生产经营的重要条件。

1. 成本费用管理原则

（1）正确区分各种支出的性质，严格遵守成本费用开支范围。

（2）正确处理生产经营消耗同生产成果的关系，实现高产、优质、低成本的最佳组合。

（3）正确处理生产消耗同生产技术的关系，把降低成本同开展技术革新结合起来。

2. 家庭农场降低成本费用的途径与措施

（1）节约材料消耗，降低直接材料费用。车间技术检查员要按图纸、工艺、工装要求进行操作，实行首件检查，防止成批报废。车间设备员要按工艺规程规定的要求监督设备维修和使用情况，不合要求不能开工生产。供应部门材料员要按规定的品种、规格、材质实行限额发料，监督领料、补料、退料等制度的执行。生产调度人员要控制生产批量，合理下料，合理投料。车间材料费的日常控制，一般由车间材料核算员负责，要经常收集材料，分析对比，追踪原因，会同有关部门和人员提出改进措施。

（2）提高劳动生产率，降低直接人工费用。工资在成本中占有一定比重，增加工资又被认为是不可逆转的。工资与劳动定额、工时消耗、工时利用率、工人出勤率与技术熟练程度等因素有关，要减少单位产品中工资的比重，提高劳动生产率，保证工资与效益同步增长。

（3）推行定额管理，降低制造费用。制造费用项目很多，发生的情况各异。有定额的按定额控制，没有定额的按各项费用预算进行控制。各个部门、车间、班组分别由有关人员负责控制和监督,并提出改进意见。

(4) 加强预算控制,降低期间费用。严格控制期间费用开支范围和开支标准,不得虚列期间费用,正确使用期间费用核算方法和结转方法。

(5) 实行全面成本管理,全面降低成本费用水平。成本费用管理是一项系统工程,需要对成本形成的全过程进行管理,从产品的设计投产到产品生产、销售,都要注意降低产品成本。成本费用控制得到高层领导的支持是非常重要的,而家庭农场的日常事务,是由广大员工来执行的,他们会直接或间接地影响成本费用水平。因此,要加强宣传,使成本费用理念深入每一个员工心里。

四、家庭农场的利润管理

(一) 利润的概念

利润是家庭农场劳动者为社会创造的剩余产品价值的表现形式。利润是家庭农场在一定时期内,从生产经营活动中取得的总收益,按权责发生制及收入、费用配比的原则,扣除各项成本费用损失和有关税金后的净额,包括营业利润、投资净收益、补贴收入和营业外收支净额等。它表明家庭农场在一定会计期间的最终经营成果。

(二) 家庭农场总利润的构成

(1) 营业利润。

利润总额＝营业利润＋投资净收益＋补贴收入＋营业外收入－营业外支出

营业利润＝主营业务利润＋其他业务利润－管理费用－营业费用－财务费用

主营业务利润＝主营业务收入－主营业务成本－主营业务税金

及附加

其他业务利润=其他业务收入-其他业务支出

（2）投资净收益。

净利润=利润总额-所得税

（3）补贴收入是指家庭农场按规定实际收到退还的增值税，或按销量或工作量等依据国家规定的补助定额计算并按期给予的定额补贴，以及属于国家财政扶持的领域而给予的其他形式的补贴。

（4）营业外收入主要包括固定资产盘盈、处置固定资产净收益、处置无形资产净收益、罚款净收入等。

（5）营业外支出主要包括处置固定资产净损失、处置无形资产净损失、债务重组损失、计提的固定资产减值准备、计提的无形资产减值准备、计提的在建工程减值准备、固定资产盘亏、非常损失、罚款支出、捐赠支出等。

（三）家庭农场利润的分配

利润分配，是将家庭农场实现的净利润，按照国家财务制度规定的分配形式和分配顺序，在国家、家庭农场和投资者之间进行的分配。利润分配的过程与结果，是关系到所有者的合法权益能否得到保护，家庭农场能否长期、稳定发展的重要问题。为此，家庭农场必须加强利润分配的管理和核算。

1. 利润分配的原则

（1）依法分配原则。家庭农场利润分配的对象是家庭农场缴纳所得税后的净利润，这些利润是家庭农场的权益，家庭农场有权自主分配。国家有关法律、法规如《公司法》等对家庭农场利润分配的基本原则、一般次序和重大比例也作了较为明确的规定，其目的是保障家庭农场利润分配的有序进行，维护家庭农场和所有者、债权人以及职工的合法权益，促使家庭农场增加积累，增强风险防范能力。利润分配在家庭农场内部属于重大事项，家庭农场在利润分配中必须切实执行法律、法规，对本家庭农场利润分配的原则、方法、决策程序等内容作出具体而又明确的规定。

（2）资本保全原则。资本保全是责任有限的现代家庭农场制度的基础性原则之一，家庭农场在分配中不能侵蚀资本。利润的分配是对经营中资本增值额的分配，不是对资本金的返还。按照这一原则，一般情况下，家庭农场如果存在尚未弥补的亏损，应首先弥补亏损，再进行其他分配。

（3）充分保护债权人利益原则。债权人的利益按照风险承担的顺序及其合同契约的规定，家庭农场必须在利润分配之前偿清所有债权人到期的债务，否则不能进行利润分配。同时，在利润分配之后，家庭农场还应保持一定的偿债能力，以免产生财务危机，危及家庭农场生存。

（4）利益兼顾原则。利润分配的合理与否，是利益机制最终能否持续发挥作用的关键。利润分配涉及投资者、经营者、职工等多方面的利益，家庭农场必须兼顾，并尽可能地保持稳定的利润分配。在家庭农场获得稳定增长的利润后，应增加利润分配的数额或百分比。同时，在积累与消费关系的处理上，家庭农场应贯彻积累优先的原则，合理确定提取盈余公积金和分配给投资者利润的比例，使利润分配真正成为促进家庭农场发展的有效手段。

2. 利润分配的程序

利润分配程序是指公司制家庭农场根据适用法律、法规或规定，对家庭农场一定期间实现的净利润进行分派必须经过的先后步骤。

根据《中华人民共和国公司法》（以下简称《公司法》）等有关规定，家庭农场当年实现的利润总额应按国家有关税法的规定作相应的调整，然后依法交纳所得税。交纳所得税后的净利润按下列顺序进行分配。

（1）弥补以前年度的亏损。按照我国财务和税务制度的规定，家庭农场的年度亏损，可以由下一年度的税前利润弥补，下一年度税前利润尚不足于弥补的，可以由以后年度的利润继续弥补，但用税前利润弥补以前年度亏损的连续期限不超过5年。5年内弥补不足的，用本年税后利润弥补。本年净利润加上年初未分配利润为家庭农场可供分配的利润，只有可供分配的利润大于零时，家庭农场才能进行后续分配。

（2）提取法定盈余公积金。根据《公司法》的规定，法定盈余公积金的提取比例为当年税后利润（弥补亏损后）的10%。当法定盈余公积金已达到注册资本的50%时可不再提取。法定盈余公积金可用于弥补亏损、扩大公司生产经营或转增资本，但公司用盈余公积金转增资本后，法定盈余公积金的余额不得低于转增前公司注册资本的25%。

（3）提取任意盈余公积金。根据《公司法》的规定，公司从税后利润中提取法定公积金后，经股东会或者股东大会决议，还可以从税后利润中提取任意公积金。

（4）向投资者分配利润。根据《公司法》的规定，公司弥补亏损和提取公积金后所余税后利润，可以向股东（投资者）分配股利（利润），其中有限责任公司股东按照实缴的出资比例分取红利，全体股东约定不按照出资比例分取红利的除外；股份有限公司按照股东持有的股份比例分配，但股份有限公司章程规定不按持股比例分配的除外。

根据《公司法》的规定，在公司弥补亏损和提取法定公积金之前向股东分配利润的，股东必须将违反规定分配的利润退还公司。

第四章　家庭农场的经营

第一节　农场主应具备的素质能力

一、农场主应具备的素质

1. 要有强烈的欲望

"欲"，实际就是一种生活目标，一种人生理想，有想法是成功的第一步。小富即安是很多小农的生活状态，他们没有强烈改变现状的欲望，而家庭农场要想创办成功，离不开农场主的强烈的经营致富欲望，他们的欲望往往需要打破他们现在的立足点，打破眼前的樊笼，才能够实现。因此，农场主的欲望往往伴随着行动力和牺牲精神。这不是普通人能够做得到的。因为想得到，而凭自己现在的身份、地位、财富得不到，所以要去创业，要靠创业改变身份，提高地位，积累财富。因为欲望，而不甘心，而经营，而行动，而成功，这是大多数创业者走过的共同道路。

2. 要有开阔的眼界，善于学习

要有广博的见识，开阔的眼界，才能有效地拉近自己与成功的距离，使农场的发展少走弯路。眼界意味着什么？如果你正打算创办家庭农场，开阔的眼界意味着你不但在创办之初可以有一个比别人更好的起步，有时候它甚至可以挽救你和你企业的命运。

眼界的作用，不仅表现在创办之初，它会一直贯穿于家庭农场的整个经营过程。"一个创业者的眼界有多宽，他的事业也就会有多大。"崇尚学习，追求知识，具有一定的科技文化水平，掌握先进农业生产、储运保鲜加工、农业机械、农村能源环保等方面的现代技术知识与生产技能。他们所创办的产业（企业）科技含量高，产品新、质量好、销路畅、效益高，一定程度上代表农业科技在应用领域的先进性和发展方向，成为中坚农户和科技示范户，形成较强的技术辐射带动作用，带领周围农民学科技、用科技，共同富裕。

3. 善于把握趋势又通人情事理

势，就是趋向。做过期货的人都知道，要想赚钱关键是要做对方向，这个方向就是势。例如，大势向空，你偏做多；或者大势利多，你偏做空，你不赔钱谁赔钱！反过来说，你就是不想赚钱都难。势分大势、中势、小势。创办家庭农场，一定要跟对形势，要研究政策。这是大势。国家鼓励发展什么，限制发展什么，对经营成败有着很大关系。做对了方向，顺着国家鼓励的层面努力，可能事半功倍；做反了方向，可能事倍功半。例如，某个行业、某类型企业，国家正准备从政策层面进行限制、淘汰，你偏赶在这时懵懵懂懂一头撞了进去，一定会鸡飞蛋打。中势指的就是市场机会。市场上现在时兴什么，流行什么，人们现在喜欢什么，不喜欢什么，可能就表明了你经营的方向。小势就是个人的能力、性格、特长。农场主在选择创业项目时，一定要找那些适合自己能力，契合自己兴趣，可以发挥自己特长的项目，这样才有利于你做持久性的全身心的投入。

4. 善于拓展和利用各种资源

创办家庭农场不是引"无源之水"，栽"无本之木"。每一个创办者，都必然有其凭依的条件，也就是其拥有的资源。一个农场主的素质如何，看一看其建立和拓展资源的能力就可以知道。资源，可分为外部资源和内部资源两种。内部资源主要是农场主个人的能力，其所占有的生产资料及知识技能，家族资源等。拥有一份良好的内部资源，对农场主个人来说无疑是重要的。但外部资源的创立，同样不可或缺。其中，最重要的一点是人脉资源，即农场主构建其人际网络或社会网络的能力。

5. 谋略与胆量

商场如战场，一个有勇无谋的人，早晚会成为别人的盘中餐。对于经营者来说，智慧是不分等级的，它没有好坏、高明不高明的区别，只有好用不好用，适用不适用的问题。从事农场本身就是一项冒险活动。要有胆量，敢下注，想赢也敢输，经得起失败的打击。总之，在所有的生产力要素中，人是最活跃的、最具有创造力的。

二、农场主应具备的能力

1. 经营管理能力

经营管理能力的提高是家庭农场投资赢得利润的关键。经营管理能力是家庭农场经营者成功的保障，是家庭农场可持续良性发展的核心能力，是解决家庭农场生存问题的第一要素。

农场主要会经营，能够经营好市场、产品和服务、资源、人员配备等家庭农场四要素；农场主要善管理，树立科学管理的意识，善于运用计划、组织、控制等管理的职能，制定农场的各项管理措施，建立家庭农场的各项规章制度，精益求精，规范化、制度化农场的运行，实现以最少的投入获取最大的效益。

2. 专业技术与创新能力

技术是农业生产的基础，创新是知识经济的主旋律。作为农场经营者，必须能根据市场需求状况的变化，选择合适的专业技术，能生产出技术含量不同的有针对性的农产品，对于农场的未来发展意义重大。

3. 沟通协调能力

一个成功的经营者，必须巧妙地协调好农场内外部关系。没有沟通协调，就没有效率；没有沟通协调，就没有感情；没有沟通协调，就各司其政；没有沟通协调，就会故步自封。

4. 自我学习能力

重视知识更新，树立终身学习的意识。与传统小农只专注于生产不同，经营家庭农场需要学习多方面的知识。农场主得有自我学习的意识，切实做到想学、真学、能学，并遵循"需什么、学什么、缺什么、补什么"的学习原则。

第二节 家庭农场的经营模式与决策

一、家庭农场的经营模式

家庭农场产业化经营是以市场为导向，以农产品的加工经营为基础，以经济效益为中心，以优质服务为手段的完整的产业系统，是引导分散的农民由小生产和小加工转变为社会化大生产的组织形式，是家庭农场自我积累、自我调节、自立发展的基本营运模式。

（一）种加销一体化经营

这种形态系统依托传统的粮、油、棉、菜种植业发展而来。其产业链条主要有：粮食—原粮加工—食品—配合饲料—销售；粮食—淀粉—葡萄糖—医药—销售；油菜子—榨油—副产品精提炼—销售；皮棉—纺纱—织布—印染—服装—销售；蔬菜栽培—加工—保鲜—配送等。

（二）养加销一体化经营

这种形态系统是依托畜牧、水产和特种养殖业发展而来的。其产业的基本链条是：良种繁育—分场饲养—屠宰加工—冷藏保鲜—销售。

(三) 植加销一体化经营

这种形态系统是依托林果业和花卉、药材、食用菌等特种栽培业发展而来的，具有代表性的产业链是：植树造纸—林产加工（纸浆、造纸、人造板、家具）—销售；花卉栽培—整形（包装）—销售。

(四) 与他组织联合经营

与经销公司、协会、农业企业及农户联合经营，各类组织之间的关系是契约关系．产加销分别经营，往往各类组织分享利润不均衡，所以通常认为这是比较松散的联合与合作，是一体化经营的初级形态。

二、家庭农场的经营决策

(一) 家庭农场经营决策的内容

家庭农场为了取得较好的经济效益，对家庭农场远期或近期生产经营目标以及实现这些目标有关的一些重大问题所作出的选择和决定，它关系到家庭农场生存和发展。所以，经营决策在家庭农场中有着极其重要的作用。

家庭农场经营决策的内容包含如下。

1. 生产经营方向决策

生产经营方向，一般指家庭农场的产品生产方向，即确定家庭农场是生产农产品、畜牧产品、渔业产品等。家庭农场要依据农业法和经济法进行合法生产经营，从社会的实际需要出发，从家庭农场的经营条件出发，科学地确定生产经营方向。

2. 生产经营目标决策

生产经营目标，是指家庭农场在一定时期内的生产经营活动中应该达到的水平和标准。其内容主要包括贡献目标、市场目标和利益目标。

3. 生产经营技术决策

家庭农场选用什么样的物质技术设备,采用什么样的生产技术和方法,如何进行设备更新、技术改造和提高职工的技术水平,都直接关系到家庭农场的前途。正确的生产经营技术决策,能使生产发展建立在可靠的物质技术基础上。

4. 生产组织决策

生产组织决策的主要内容是生产组织机构的设立、技术力量的配备、职工的安排等。正确的生产组织决策、对改善经营管理,提高劳动效率具有重要作用。

5. 生产中财务决策

生产中财务决策具体包括扩大生产能力的投资决策、产品定价和降低产品成本的决策、加速资金周转、提高盈利水平的决策等。

(二) 家庭农场经营决策的要求

1. 可行性

经营决策方案应该是可行性的方案。可行性方案是指实施程序比较简单,实施条件容易满足,实施的可能性较大的方案。可行性是决策的前提,一定的技术、经济条件对实现预定目标,有着约束作用,称为约束条件。其中,影响最大的而又有限的条件,称为限制因素。这些约束条件和限制因素,是权衡决策方案是否可行的主要依据。在各备选方案中,对各项约束条件均能适应,并能使限制因素得到最大程度利用的,便是可行性最大的方案。

2. 科学性

经营决策方案要符合自然规律、经济规律和技术规律的要求。正确的决策必须综合研究自然规律、经济规律和技术规律,坚持科学发展观,进行充分的调查,严肃的分析论证,科学的选优。

3. 经济性

经营决策方案的经济效果要好。在确定生产经营项目时，一项合理的决策，应尽量选择投资少、见效快、收益大的方案。决策目标应尽量做到数量化，以便选择经济效益最大的方案。因条件限制，不能选择最优方案的，应选择经济效益较优的方案。

4. 时效性

经营决策要有时间观念。社会经济、科学技术、商品市场供求不断变化，企业决策与时间有密切的关系。当断不断，议而不决，贻误时机，则降低时效及其价值。

5. 灵活性

经营决策要有一定弹性，有回旋的余地。因为人的预测总是有一定的局限性，家庭农场生产经营存在着气候、市场等不可控制的因素，决策难免会有一定的偏差，并可能导致严重的后果。因此，经营决策应有一定的应变能力，并有备用方案，以便应付出现的不测情况。

（三）家庭农场经营决策的程序

决策工作不能凭个人的主观愿望，而要根据资料和情况，按照一定程序，运用科学方法，才能使决策尽可能准确、合理、符合事物发展变化的规律。决策程序如下。

1. 提出问题

有问题才需要决策，提出问题是发掘有待决策的领域，这是决策的第一步。要解决问题，必须对问题有充分的认识，才能对症下药。

2. 搜集整理资料

搜集、整理情报资料，是分析问题的基础，也是进行决策的依据，只有正确的情报资料，才能产生正确合理的决策。情报资料的来源包括家庭农场内部的正式资料，如各种资源调查资料、计划表、统计数字和总结资料等；家庭农场内部的非正式资料，如会议汇报资料、调查资料等；家庭农场外部的有关资料，如国家规划、政策、法令，市场行情，各种新技术、新工艺、新设备等。现有资料不能满足时，还要进行调查，以补充其不足。

对情报资料要求是及时、准确、完整、经济。及时，指及时记录、及时传递，失机则失效；准确，指如实反映情况，不捕风捉影或弄虚作假；完整，指提供全面的数据、情报；经济，指取得情报资料所花费用不能超过它可能产生的经济价值。

3. 确定决策目标

确定目标是经营决策的关键程序，它是确定和选择各种决策方案的重要依据。决策目标是经营管理期望达到的目标，它要求具体，明确（即可以计算其成果、可以规定其时间、可以确定其责任、划分必达目标和希望实现目标）。目标选不准，决策也很难准确。经营决策目标有单一性的，如产量目标。也有复合性目标，如生产结构决策，既要考虑增产增收，又要考虑生态平衡以及国家任务和自给任务等。当目标互相矛盾时，要进行归类合并，或把一些目标改为限制条件。

4. 设计各种可行方案

设计可行方案以供选择，是决策的重要条件。可行方案主要来源于3个方面，其一用过去拟订的同类方案；其二移植其他家庭农场拟订过的类似方案；其三提出新的方案。

设计方案的过程是决策机会的寻找过程，一般要求越多越好，这样可供选择的余地就越大。要把所有可行方案都尽可能不遗漏地提出来，如果遗漏就可能将最好方案排除在外。因此，要让家庭农场职工都能发表意见，集中大家的设想形成可行方案。各种方案都有其优缺点，开始时，不要评头品足，横加指责，应鼓励职工解放思想，大胆提出新方案。这不仅是搞好决策的关键，也是人力资源开发的重要一环。

5. 可行方案的评价和择优

方案是否可行，要符合如下 3 个标准。

(1) 经济效益高。即投入少，见效快，收益高，效益大。

(2) 家庭农场的发展应有利于农业生态平衡，有利于人们的健康和社会安定，以取得良好的社会效益。

(3) 要符合人们的要求，满足社会的需要。产品适销对路，价值和使用价值才能实现。

经过评价，筛选出可行方案，作为初步决策方案。但任何方案都不可能十全十美，因此，在从正面评价其经济效益外，还要从另一个侧面估计和分析其实施可能发生的不良效果，即有无风险。家庭农场经营决策工作应对各方案的效益和风险大小之间作权衡，然后作出抉择。

6. 执行经营决策

执行经营决策的重要工作是使广大执行者对决策充分了解和接受；把决策目标分解落实到每个执行单位，明确其责任；制定相应的措施和政策，保证决策的正确执行；通过控制系统的报告制度，迅速及时地掌握实施过程的具体情况。

7. 跟踪检查

在经营决策付诸实施后，管理人员还不能确定其结果一定符合于原定的目标，必须有一套跟踪和检查的办法，以保证所得结果与决策的期望值相一致。

第三节 家庭农场的经营项目

一、农业项目分类

农业项目根据其性质，可分为农业生产项目和农业科技推广项目。

(一) 农业生产项目

农业生产项目主要是指在农、林、水、气等部门中，为扩大农业方面长久性的生产规模，提高其生产能力和生产水平，能形成新的固定资产的经济活动。

1. 现代农业生产发展资金项目

现代农业生产发展资金主要用于支持各地稳定发展粮油战略产业，加快发展蔬菜等十大农业主导产业，促进粮食等主要农产品有效供给和农民持续增收。现代农业生产发展资金的支持对象为：农民专业合作社、家庭农场、专业种养大户，与农民建立紧密利益联结机制，直接带动农民增收的农业龙头企业等现代农业生产经营主体，开展农业科技推广应用的机构以及粮食生产功能区建设主体。优先支持对推进村级集体经济发展壮大有较大作用的主体。现代农业生产发展资金主要支持以下关键环节。

（1）基础设施建设。项目区土地平整、土壤改良，主干道、作业道、蓄水灌溉、田间水利，滴喷灌设施、大棚温室、育苗设施，高标准鱼塘改造、浅海养殖设施、新型网箱、水处理设施，标准化养殖畜禽舍，养殖专用生产设施及防疫设施，"两区"生产配套服务设施等基础设施建设。

（2）设备购置。农（林、渔）业机械，质量安全检测检验仪器设备，农产品产地加工、储藏、保鲜、冷藏等设备购置。

（3）技术推广。良种引进推广、繁育，品种优化改良，先进实用技术和生态循环农业发展模式推广应用与技术培训和示范。

现代农业生产发展资金在加大对种子种苗、科技推广、机械化、产业化与合作经营机制培育、基础设施建设等扶持力度的同时，根据不同产业，重点支持以下具体内容。

①粮油产业（主要包括水稻、小麦、玉米、油菜、木本油料等产业）：重点支持基础设施、土壤改良和"三新"技术推广

示范、粮食生产高产创建等。

②蔬菜产业：重点支持"微蓄微灌"和大棚设施建设等。

③茶叶产业：重点支持标准茶园建设和初制茶厂优化改造等。

④果品产业（主要包括柑橘、杨梅、梨、桃、葡萄、枇杷、李子、蓝莓等产业）：重点支持精品果品基地建设和产后处理等。

⑤畜牧产业（主要包括猪、牛、羊、禽类等产业）：重点支持标准化生态循环养殖小区建设和良种引进等。

⑥水产养殖产业（主要包括鱼类、虾蟹类、龟鳖类、珍珠、海水贝藻类等产业）：重点支持高标准鱼塘、新型网箱、节能温室、浅海养殖等基础设施建设和设备购置以及稻田养鱼、水产健康养殖示范基地、水产品新品种新技术推广等。

⑦竹木产业：重点支持林区道路等基础设施建设和竹木高效集约经营利用项目等。

⑧花卉苗木产业：重点支持大棚等设施设备和产品推广等。

⑨蚕桑产业：重点支持蚕桑优化改造和种养加工设施等。

⑩食用菌产业：重点支持集约化生产基地和循环生产模式等。

⑪中药材产业：重点支持药材规范化基地建设和产地加工等。

2. 财政农业专项资金项目

财政农业专项资金项目是为进一步推进粮食生产功能区、现代农业园区和基层农业公共服务中心建设，保障农业现代化行动计划顺利实施而设立的，通过强化资金集聚和项目带动，推动农业生产规模化、产品标准化、经济生态化。支持对象为规范化农民专业合作社、家庭农场、专业大户、国有农场、村经济合作社、与农民建立紧密利益联结机制的农业龙头企业等生产经营主体以及开展农技推广应用的推广机构。

(二) 农业科技推广项目

农业科技推广项目主要是指国家、各级政府、部门或有关团体、组织机构或科技人员，为使农业科技成果和先进实用技术尽快应用于农业生产，加快农业现代化进程而组织的某一项具体活动。

1. 星火计划

星火计划是依靠科技进步、振兴农村经济，普及科学技术、带动农民致富的指导性科技计划，是国民经济和社会发展计划及科技发展计划的一个重要组成部分。

星火计划的宗旨：坚持面向农业、农村和农民；坚持依靠技术创新和体制创新，促进农业和农村经济结构的战略性调整和农民增收致富；推动农业产业化、农村城镇化和农民知识化，加速农村小康建设和农业现代化进程。

星火计划的主要任务：以推动农村产业结构调整、增加农民收入，全面促进农村经济持续健康发展为目标，加强农村先进适用技术的推广，加速科技成果转化，大力普及科学知识，营造有利于农村科技发展的良好环境。围绕农副产品加工、农村资源综合利用和农村特色产业等领域，集成配套并推广一批先进适用技术，大幅度提高农村生产力水平。

2. 农业科技成果转化资金项目

农业科技成果转化资金项目是指由科技部门和财政部门共同实施、农业部门负责监理的项目，支持对象主要为农业科技型企业。转化资金根据农业科技成果转化地域性强、周期长、风险大的特点，支持有望达到批量生产和应用前景的农业新品种、新技术和新产品的区域试验与示范、中间试验或生产性试验，为农业生产大面积应用和工业化生产提供成熟配套的技术。支持重点是，动植物新品种（或品系）及良种选育、繁育技术成果转化；

农副产品储藏加工及增值技术成果转化；集约化、规模化种养殖技术成果转化；农业环境保护、防沙治沙、水土保持技术成果转化；农业资源高效利用技术成果转化；现代农业装备与技术成果转化。

3. 科技发展计划

科技发展计划是政府直接参与，实现科技和经济发展目标的有力手段；是政府通过资金运用和政策调控，开发先进适用的农业科学技术，并把这些技术引向农村，引导亿万农民依靠科技发展农村经济，促进农村劳动者整体素质的提高，推动农业和农村经济持续、快速、健康发展。

二、家庭农场项目选择

家庭农场应该根据自身的条件和产业发展的目标定位，善于选择国家政策扶持的农业投资项目。

（一）符合社会发展的需要

社会的发展，经济条件的改善，必然改变人们的消费观念，提高人们的购买能力，同时，随着社会进步对于生态环境保护意识不断增强，要求农业提供更加多样化的服务功能。家庭农场的项目建设，必须研究当前社会发展趋势特点，符合国家农业产业发展的导向，特别是要有利于当前农业供给侧结构性调整，符合农业高效、生态环保、可持续发展的总体方向。

（二）符合市场需求

农业项目的选择一定要以市场需求为导向，认真研究市场需求的变化，在市场细分的基础上，找准市场供应的定位，以占领目标市场为前提，研究农产品市场供求关系的变化规律。确保项目投资的经济回报。

（三）符合科技发展的要求

随着新一轮科技革命成果渗透农业产业的各个领域，农业科技快速发展，农业新技术、新品种层出不穷。农业项目投资一定要立足于先进的科学技术，争取获得技术上竞争优势，尽可能避免重复建设、盲目模仿等做法，要站在技术制高点上谋发展，增强创新发展的原动力。

（四）以适度投资为依据

许多农业项目，投资回收期比较长，例如投资某种水果种植，要达到盛产期，需要几年时间，某些情况下市场供求已经发展变化。所以，家庭农场的投资必须考虑自有资金的投入量，要考虑整个投资周期的资金流量，预防在项目建设中资金链的断裂，将各种可能发生的风险和损失，控制在掌控范围内。

三、家庭农场项目的申报

1. 申报前的准备

项目主管部门在发布项目指南后，相关农业企业（包括家庭农场）对照指南要求，开始前期准备工作，填写项目申请书，并进行可行性分析研究和论证评估。提交项目申请书后，有的项目还应按照要求准备答辩。为了提高项目申报的成功率，申报单位对所申报的项目，应集思广益，聘请有关专家，参照有关规定和指南进行认真的论证，并积极修改项目申报的相关材料。申报前的论证，关系申报的成败，必须积极、认真，坚持实事求是。

2. 明确项目承担单位条件

农业项目需要具体的承担单位来执行并完成，项目承担单位的条件如下。

（1）领导重视。承担单位领导需对项目的实施非常重视，愿意承担项目的实施工作。

（2）有较完善的组织机构。承担单位必须是农业经营主体，内部管理机构完善，分工明确，人员配备完整。

（3）有较强的技术力量和必要的仪器设备。承担单位的技术依托单位技术力量较强，技术人员有与项目相关的专业知识，技术水平较高，有承担项目实施的经验。同时，有与项目实施要求相适应的仪器设备，能完成项目的实施任务。

(4) 有一定的经济实力。农业项目的实施，除项目下达单位拨付一定经费外，往往还需要承担单位配套相应的经费。因此，承担单位必须有一定的经济实力，才能完成项目实施任务。

(5) 有较强的协调能力。有的项目一个单位完成有一定的困难，需要其他相关单位配合才能完成。因此，在有多个单位一起参与的情况下，主持（承担）单位必须具有较强的协调能力，指挥协作单位共同完成项目任务。

3. 明确项目承担单位和申请人的职责

项目主持人（负责人）一般应由办事公正、组织协调能力较强、专业技术水平较高的行家担任。项目主持单位和项目主持人（负责人），能牵头做好以下工作。

(1) 编写《项目可行性研究报告》，并根据专家论证意见修改、补充，形成正式文本。

(2) 搞好项目组织实施、组织项目交流、检查项目执行情况。每年年底前将上一年度项目执行情况报告、统计报表及下一年度计划，报项目组织部门审查。

(3) 汇总项目年度经费的预决算。

(4) 负责做好项目验收的材料准备工作。

(5) 传达上级主管部门有关项目管理的精神，反映项目实施过程中存在的问题，提出相应的解决意见，报项目组织部门审核。

4. 项目的立项程序

申报农业项目，首先要由承担单位，主要是农村家庭农场等经济实体，根据项目申报指南要求，选择符合自身实际要求的项目，填报申请表及项目可行性报告，分别通过网上和书面两条途径向项目主管部门申报。项目主管部门接到申报材料后,将组织相关专家进行综合评价,有的还要进行实地考察,有的项目初评结果还将在网上进行公示,公示期限内无异议的正式立项,并签订项目合同或下达项目计划任务书。

四、家庭农场项目的管理

1. 项目管理概述

项目管理就是应用系统的方法,对项目的拟定立项、实施执行、成果评价、申报归档等各个阶段工作的实践活动、联结与配合进行有效的协调、控制与规范行为,以达到预期目标的活动过程。

项目管理与管理的性质一样,具有二重性,即自然属性和社会属性。

管理的自然属性,表明了凡是社会化大生产、产业化、规模化的劳动过程,都需要管理,管理的这种自然属性主要取决于生产力发展水平和劳动社会化程度,而不取决于生产管理的性质;管理的社会属性,表明了一定生产关系下管理的实质,这种社会属性,随着生产关系的变化而变化,因而它是管理的特殊属性。例如,农业项目的管理对象,是参加项目实施的广大科技人员及农业劳动者,他们是项目的主人,项目的实施过程是他们直接参与的过程,也是项目决策的参与者,通过各种方法,如经济方法、行政方法、法律方法,充分地调动他们直接参与的积极性、主动性和能动性,自觉地规范行为,实现项目的预定目标。

2. 项目管理的内容

(1) 项目申报立项管理。其主要是项目组织单位的管理工作,其具体内容包括下达项目的编写大纲或申报指南,接受申报,组织专家对申报项目进行可行性研究,做出决策,否定或批准立项,下达项目计划并执行。

(2) 项目实施管理。具体的内容包括层层签订合同，对实施方案与计划执行管理、对实施单位的人、财、物管理，检查、反馈与调整等，这一阶段的管理工作包括高层管理、中层管理和基层管理的交叉，需要互通信息、密切配合、协调共进，保证项目的顺利实施。

(3) 项目验收与鉴定管理。其具体内容包括资料整理、总结工作的管理，对经项目承担单位申请、项目组织单位组织项目验收与鉴定工作的管理，对农业科技推广项目成果报奖及材料归档的管理工作等。

3. 项目管理的方法

(1) 分级管理。项目组织部门根据各自的情况制订各自的项目计划，这些项目，一般按下达的级别进行管理。省、市、县级项目组织部门分别管理跨市、跨县、跨乡的项目。承担上级的项目，执行中的修正方案要报上级管理部门批准；项目结束后，档案材料正本要交上级管理部门，自己只留副本。

(2) 分类管理。在各级部门管理的项目中，一般分为农、林、牧、渔项目，隶属各部门管理，部门内再按专业划分，以便于按照各专业的特点，采取不同的管理办法组织实施。

(3) 封闭式管理。每个农业项目的管理，从目标制订，下达部署，组织执行，反馈修改方案，直至实现目标，必须形成一个封闭的反馈回路，称为封闭式管理。项目管理中如果有头无尾或只有方案没有反馈，不按照项目程序进行，就很难达到预定目标。

(4) 合同管理。项目计划下达后，项目下达部门可与下级部门逐级签订合同书，将项目实施目标，技术经济指标，完成时间，需要的经费、物资，考核验收办法，奖惩办法等写入合同，经各方签字后生效。

第四节　家庭农场的经营风险

对于家庭农场而言，随着经营规模的扩大，风险也在相应扩大，必须有一个良好的风险控制体系，重点防控好自然风险、疫病风险、市场风险、制度风险和社会风险五大风险。

一、自然风险

农业是从自然界获取劳动成果，因此农业基本无法避免自然风险，只能通过避灾救灾减少影响。例如，播种时的干旱少雨，如果没有灌溉，则可能无法播种错过农时；再如，作物生长过程中的冰雹、旱涝、冷热灾害随时会发生。另外，成熟季节的农作物，可能因为冰雹等突然的恶性自然灾害导致产量大幅损失甚至颗粒无收。防范自然风险，虽然国家的政策性农业保险制度还在完善，但已经提供了基本的风险保障，要注意运用好这一政策。同时，还可以考虑农业商业保险。一些农业技术措施也可起到缓解作用，例如，近年苹果产区发展较快的防雹网建设，一次性投入较大，但防范冰雹的能力明显提升。

二、动植物疫病风险

如口蹄疫的暴发可能导致养殖场的偶蹄动物整体死亡或者强制扑杀，对生猪、牛羊养殖威胁很大，必须采取最严格的措施防范。至于一般的动物常见疫病，往往也会造成动物死亡或者商品性丧失。再如，小麦、玉米的流行病害或容易暴发的虫灾，往往会导致产量上极大的损失，像小麦吸浆虫、玉米黏虫等，防控不及时，产量损失极大。在动植物疫病风险的防控上，主要是严格的技术管理和持之以恒的严密防控心态，一旦出现麻痹，往往付出惨痛代价。养殖企业"拼管理"，其实主要是技术管理，疫病损失越少，养殖效益才能越好。

三、市场风险

市场风险不论工业农业均要面对，但农业的市场风险更残酷，这是因为农产品的一些特殊属性决定的。由于农产品多为鲜活农产品，所以保质期十分短暂，必须在收获时节的极短时间内出售，否则，可能腐烂变质。即使那些保质期长的农产品与工业品的保质期相比，也是差距甚远。于是就形成了农产品常见的难卖问题，一到集中收获季节，往往量大价跌，供大于求，不仅效益下降，而且浪费惊人。应对市场风险：一方面，要重视农产品市场分析，避免陷入"丰收陷阱"；另一方面，要加强生产的组织化程度，通过行业协会、订单农业、合作社联合等方式，稳定市场，畅通产后渠道，保障收益。

四、制度风险

制度风险是系统性的，家庭农场个体一般无法应对，常见的就是政策的变动。例如，一些地方为发展地方经济而鼓励的小型产业项目，承诺有优惠政策，也宣布有订单保障，但往往随着地方领导变迁，可能人走政息，政策难以落实，订单更无从谈起，参与项目者损失惨重。应对制度风险，需要家庭农场的负责者重视地方产业政策的研究，摆正经营思想，科学选择产业，避免因一时投机取巧而付出沉痛代价。不过，正常的国家优惠政策是应该积极争取的，这是应得的国民待遇，不应拒之不理。

五、社会风险

社会风险也称道德风险，是由于农民对于市场经济规则的不懂不问、不遵不守而引发的，常见的是土地流转纠纷。对多数家庭农场而言，自有土地是少数，更多的土地靠流转，而经营农业的人都知道，土地经营权的长期稳定是投资农业的首要前提。在实际中，因为种种原因，农民突然违约强行收回流转土地的情形屡见不鲜，并引发严重社会事件。应对这一风险，要学会同农民打交道，多从农民的角度考虑问题，在长期的土地流转合同上要留给农民 3~5 年调整 1 次流转租金的机会，主动协调，避免被动；同时，要善于运用流出土地农民的剩余劳动力，给他们就业机会，重视社会沟通，减少抵制情绪；还要注意乡村党政力量的沟通，力求矛盾发生时的公正评判。

第五章 合作社的经营管理

第一节 成立合作社的程序

一、确定合作社的经营业务和发展目标

1. 确定合作社的经营业务

成立合作社,经营什么业务是首先要解决的问题。经营业务不仅要列入合作社章程,还要由工商部门登记予以确认。合作社确定自己的经营业务,要在符合国家产业政策和本社章程规定的前提下,根据成员生产发展的需要,结合本社实际发展情况,确定经营服务的内容,并逐步扩展合作社对成员服务的功能。

一般农民专业合作社主要的生产经营业务可以分为以下几类。

(1) 农业生产经营中的技术培训。
(2) 新品种引进。
(3) 提供农业生产资料的购买。
(4) 农产品的贮藏。
(5) 运输与销售服务。
(6) 产品加工增值。
(7) 信息服务。
(8) 其他。

需要注意到的是,确定的生产经营业务要符合成员的需要,

还要发挥当地自然、经济、社会等方面的优势,不合理的经营业务会使合作社的发展受到极大的阻碍。

2. 确定合作社的发展目标

通常合作社发展目标,包括经济和社会2个最主要的目标,经济目标主要是为了提供技术、信息、产品销售等服务,帮助农民提高经济收入;社会目标是在经济目标的基础上,追求合作社的理念和价值,实现社会公正与共同致富。由此可见,农民要考虑到给自己带来的好处,才会考虑是否加入合作社。

以前,办合作社是为了能够获得或者可以更多地获得国家政策补贴与支持,因为大部分合作社都是农民自发组织成立的,农民本身处于弱势阶段,需要政府的扶持才能更好地改善农户市场竞争地位、增加农民经营收入。

现在,办合作社首先得有服务农民的胸怀,得有踏实经营农业的决心,更要有投身农业、实现自我价值的理想和抱负。不再是仅仅为了实现生理和安全和社会上的需要,更是要上升到尊重和自我实现的高度。真正与农民结成利益共同体,因为合作社也是要盈利的。

二、确定合作社的名称和住所

1. 确定合作社的名称

农民合作社的名称,是指合作社用以相互区别的固定称呼,是合作社人格特定化的标志,是合作社设立、登记并开展经营活动的必要条件。一般来说,农民合作社的名称可以由地域、字号、产品、"专业合作社"字样依次组成。

农民合作社依法享有名称权,并以自己的名义从事生产经营活动,其名称受到相关法律保护,任何单位和个人不得侵犯。农民合作社只准使用一个名称,在登记机关辖区内不得与登记注册的同行业农民专业合作社名称相同。

2. 确定合作社的住所

住所即指法律上确认的合作社的主要经营场所，它是注册登记的事项之一。如果在经营过程中住所发生变更，必须再次办理变更登记。经工商部门登记的住所只有一个，住所的选址可以是专门的办公场所，也可以是某个成员的家庭住址，但必须是所在登记机关辖区范围内。

三、发动农民入社

合作社的主体是广大的农民，发动他们入社，扩大社员数量，是发展合作社的重要工作。为了更好地发动农民加入合作社，一方面，发起人要通过认真学习《中华人民共和国农民专业合作社法》（以下简称《农民专业合作社法》），正确认识农民合作社的性质和特点，向农民宣传加入合作社的好处与意义所在；另一方面，还要努力宣传介绍成为合作社成员的条件、权利与义务。通过这些宣传与说明工作，使农民对合作社有一个正确的认识和准备，并通过自己的判断，自主作出是否加入合作社的决定。

四、制定农民专业合作社章程

1. 制定合作社章程的意义

农民专业合作社章程是在遵循国家法律法规、政策规定的条件下，由全体成员制定的，并由全体成员共同遵守的行为准则。农民专业合作社章程的制定是设立农民专业合作社的必备条件和必经程序，也是其自治特征的重要体现，在合作社的运行中具有极其重要的作用。首先，章程规定了某个合作社的具体制度，这些制定不仅涉及每个成员的权利与义务，更是决定了一个合作社是否能够生存与实现发展这一重大问题。其次，章程有公示作用，有利于债权人、社会公众、政府等利益相关方对合作社的了解，有利于农民专业合作社接受外界的监督和服务。此外，制定章程和按照章程兴办合作社是合作社享受国家有关优惠政策的一项重要依据。因此，制定好章程，并按照章程办事，是办好一个合作社的关键。

2. 合作社章程的主要内容

按照《农民专业合作社法》的规定，农民专业合作社章程至少应当载明下列事项。

（1）名称和住所；

（2）业务范围；

（3）成员资格及入社、退社、除名；

（4）成员的权利和义务；

（5）组织机构及其产生办法、职权、任期、议事规则；

（6）成员的出资方式、出资额；

（7）财务管理和盈余分配、亏损处理；

（8）章程修改程序；

（9）解散事由和清算办法；

（10）公告事项和发布方式；

（11）需要规定的其他事项。

3. 制定章程的注意事项

在制定章程的时候，不仅要参照《农民专业合作社示范章程》，还要从本社的实际出发，对以下几个方面加以注意。

（1）以遵守法律法规为原则章程的内容必须要符合相关的法律法规，如果与之矛盾则章程无效，而且还会给合作社的发展、成员的利益带来负面影响。

（2）充分发扬民主。章程的制定必须发扬民主，由全体成员共同讨论形成。章程应当是全体设立人真实意思的表示。在制定过程中，每个设立人必须充分发表自己的意见，每条每款必须取得一致。只有充分发扬民主制定出来的章程，才能对每个成员起到约束作用，才能很好地得到遵循，也才能调动各方面参与合作社的管理与发展的积极性。

（3）内容力求完善。合作社章程在制定过程中，要对相应的事项尽量规定详细，这样才可以在以后出现问题时有章可循，防止一个人说了算的现象发生。强调合作社章程的完善，并不是要求事无巨细地作出规定，而是就重大事项进行原则性规定。同时，章程的完善也有一个过程，可以在发展中逐步完善。

（4）按法定程序制定和修改章程。为保障章程的稳定性和严肃性，《农民专业合作社》规定，章程要由全体设立人一致通过。为保障全体设立人在对章程认可上的真实性，还应当采用书面形式，由每个设立人在章程上签名、盖章。章程在合作社的存续期内不是一成不变的，是可以逐步完善的，但是，修改章程是要经由成员大会作出修改章程的决议。

4. 合作社章程的贯彻与执行

章程作为农民专业合作社依法制定的重要的规范性文件，作为农民专业合作社的组织和行为基本准则的规定，对理事长、理事会成员、执行监事或者监事会成员等合作社的所有成员都具有约束力，必须严格遵守执行。

合作社的章程一般是原则性规定。在合作社的兴办过程中，还可以根据发展的实际需要，制定若干个专项管理制度，对某个方面的事项做出具体规定，进而把章程的规定进一步细化和落到实处。一般而言，合作社可以制定成员大会、成员代表大会、理事会、监事会的议事规则，管理人员、工作人员岗位责任制度，劳动人事制度，产品购销制度，产品质量安全制度，集体资产管理和使用制度。这些制度的制定，有的需要由理事会研究决定，有的还需要成员大会研究通过，并向成员公示，以便成员监督执行。

需要指出的是，章程作为农民专业合作社的内部规章，其效力仅限于本社和相关当事人。章程是法律以外的行为规范，由农民专业合作社自己来执行,无须国家强制力保证实施,当出现违反章程的行为时,只要该行为不违反法律,就由农民专业合作社自行解决。

五、召开农民专业合作社设立大会

1. 什么是设立大会

《农民专业合作社法》第十一条规定,设立农民专业合作社应当召开由全体设立人参加的设立大会。设立时自愿成为该社成员的人为设立人。

由此可见,设立大会是《农民专业合作社法》对于设立农民专业合作社程序上的规定。即要求召开由全体设立人参加的设立大会,农民专业合作社才可能成立。

农民专业合作社成员大会由全体成员组成,是本社的权力机构,每年至少召开1次。《农民专业合作社法》在第二十二条、第二十三条、第二十四条、第二十五条分别就成员大会的职权、召开、表决、临时成员大会以及成员代表大会作出了相关规定。

2. 设立大会的职权

设立大会作为设立农民专业合作社的重要会议,《农民专业合作社法》第十一条规定了其法定职权,包括以下几项:第一,设立大会应当通过本社章程,章程应当由全体设立人一致通过。第二,选举法人机关。如选举理事长。第三,审议其他重大事项。由于每个农民专业合作社的情况都有所不同,需要在设立大会上讨论通过的事项也有所差异,所以,本法为设立大会的职权做了弹性规定,以符合实际工作的需要。

3. 设立大会与成员大会的区别

设立大会和成员大会发生的阶段不同,设立大会发生于农民专业合作社成立之前,成员大会则存在于农民专业合作社存在发展的整个过程中。没有依法有效的设立大会就不会有农民专业合作社的成立，也就不会有成员大会。设立大会是农民专业合作社尚未成立时设立人的议事机构，而成员大会则是农民专业合作社存续期间合你社的权力机构，在合作社内部具有最高的决策权。

4. 填写设立大会纪要

（1）农民专业合作社设立登记应当提交设立大会纪要。

（2）农民专业合作社召开设立大会，应由全体设立人参加。

（3）设立大会纪要由全体设立人签名、盖章。设立人为自然人的，由其签名；设立人为企业、事业单位或者社会团体成员的，由单位盖公章。

六、办理农民专业合作社登记手续

1. 办理登记手续的步骤

（1）审查受理。

①审查：登记人员对申请人提供的设立登记申请材料，从种类和内容上进行合法性审查，根据审查情况作出是否受理的决定。

一是审查申请人提交的材料是否齐全。《农民专业合作社登记管理条例》规定提交的8种设立申请材料不得缺少；

二是审查材料内容是否符合法定要求。对申请人提交的8种申请材料进行内容审查，看各种表格填写是否规范、完整、签名是否齐全一致，成员资格证明是否清楚明了，复印材料是否签字确认与原件一致，重点要审查农民专业合作社章程应当载明的11项内容的完整性、各文件材料之间相同事项的内容表述是否一致及申请材料内容是否与法律法规相抵触。缺项（除了法定的章程第十一项内容外）、相同事项表述不一致或申请材料内容与法律法规相抵触的，应当要求修改、改正。

②受理：经过审查，对于符合法定条件的登记申请，审查人员应填写《农民专业合作社设立登记审核表》，签署具体受理意

见，制作《受理通知书》送达申请人；当场登记发照的，可以不制作《受理通知书》，但应该在《农民专业合作社设立登记审核表》的"准予设立登记通知书文号"栏填写"当场登记发照"。对于不符合法定条件且不能当场更正的登记申请，审查人员应当制作说明理由及应补交补办具体事项要求的《不予受理通知书》，与申请材料一并退交申请人。

（2）核准发照。

①核准：核准人员对于申请人提交的材料和受理人员的意见复查后，作出是否准予登记的决定，签署具体核准意见。

经复查　申请人提交的登记申请满足材料齐全、符合法定要求的，应予当场核准登记，发给营业执照。

经复查　申请人提交的登记申请材料不符合要求的，能当场更正的，允许当场更正，更正后符合法定条件要求的，应当场登记发照。

经复查　申请人提交的登记申请材料不符合法定条例要求，又不能在《执行许可法》规定的"自受理行政许可申请之日起20日内"，通过补正登记材料满足登记条件的，应当作出不予登记的决定，制作说明理由的《不予登记通知书》，与申请材料一并退交申请人。

②发照：经核准同意登记的，登记工作人员应根据核准意见制作营业执照，发给申请人。并在规定的时间内，将登记资料归档，建立经济户口。

2. 办理登记手续的注意事项

（1）加入农民专业合作社的成员是具有民事行为能力的公民，以及从事与农民专业合作社业务直接有关的生产经营活动的企业、事业单位或者社会团体，能够利用农民专业合作社提供的服务，承认并遵守农民专业合作社章程，履行章程规定的入社手续的，可以成为农民专业合作社的成员，且成员数最低不少于5

名，其中，农民至少应当占成员总数的80%。但是，具有管理公共事务职能的单位不得加入农民专业合作社。

（2）农民专业合作社经工商部门注册成立，自成立之日起20个工作日内，须到县农业局农村经济经营管理站备案，并在"中国农民专业合作社网"上填制《农民专业合作经济组织统计报表》，完善登记备案材料。

第二节 合作社成员的权利、义务

一、合作社成员的权利

根据最新修订的《农民专业合作社法》第二十一条的规定，农民专业合作社的成员享有以下权利。

（1）参加成员大会，并享有表决权、选举权和被选举权，按照章程规定对本社实行民主管理。

参加成员大会。这是成员的一项基本权利。成员大会是农民专业合作社的权力机构，由全体成员组成。农民专业合作社的每个成员都有权参加成员大会，决定合作社的重大问题，任何人不得限制或剥夺。

行使表决权，实行民主管理。农民专业合作社是全体成员的合作社，成员大会是成员行使权利的机构。作为成员，有权通过出席成员大会并行使表决权，参加对农民专业合作社重大事项的决议。

享有选举权和被选举权。所有成员都有权选举理事长、理事、执行监事或者监事会成员，也都有资格被选举为理事长、理事、执行监事或者监事会成员，但是法律另有规定的除外。在设有成员代表大会的合作社中，成员还有权选举成员代表，并享有成为成员代表的被选举权。

(2) 利用本社提供的服务和生产经营设施。农民专业合作社以服务成员为宗旨,谋求全体成员的共同利益。作为农民专业合作社的成员,有权利用本社提供的服务和本社置备的生产经营设施。

(3) 按照章程规定或者成员大会决议分享盈余。农民专业合作社获得的盈余依赖于成员产品的集合和成员对合作社的利用,本质上属于全体成员。可以说,成员的参与热情和参与效果直接决定了合作社的效益情况。因此,法律保护成员参与盈余分配的权利,成员有权按照章程规定或成员大会决议分享盈余。

(4) 查阅本社的章程、成员名册、成员大会或者成员代表大会记录、理事会会议决议、监事会会议决议、财务会计报告、会计账簿和财务审计报告。成员是农民专业合作社的所有者,对农民专业合作社事务享有知情权,有权查阅相关资料,特别是了解农民专业合作社经营状况和财务状况,以便监督农民专业合作社的运营。

(5) 章程规定的其他权利。上述规定是《农民专业合作社法》规定成员享有的权利,除此之外,合作社章程在同《农民专业合作社法》不抵触的情况下,还可以结合本社的实际情况规定成员享有的其他权利。

二、合作社成员的义务

农民合作社在从事生产经营活动时,为了实现全体成员的共同利益,需要对外承担一定义务,这些义务需要全体成员共同承担,以保证农民专业合作社及时履行义务和顺利实现成员的利益。根据最新修订的《农民专业合作社法》第二十三条的规定,农民专业合作社的成员应当履行以下义务。

(1) 执行成员大会、成员代表大会和理事会的决议。成员大会和成员代表大会的决议,体现了全体成员的共同意志,成员应当严格遵守并执行。

（2）按照章程规定向本社出资。明确成员的出资通常具有2个方面的意义：一是以成员出资作为组织从事经营活动的主要资金来源；二是明确组织对外承担债务责任的信用担保基础。由于我国各地经济发展的不平衡，以及农民专业合作社的业务特点和现阶段出资成员与非出资成员并存的实际情况，一律要求农民加入专业合作社时，必须出资或者必须出法定数额的资金，不符合目前发展的现实。因此，成员加入合作社时是否出资以及出资方式、出资额、出资期限，都需要由农民专业合作社通过章程自己决定。

（3）按照章程规定与本社进行交易。农民加入合作社是要解决在独立的生产经营中个人无力解决、解决不好或个人解决不合算的问题，是要利用和使用合作社所提供的服务。成员按照章程规定与本社进行交易既是成立合作社的目的，也是成员的一项义务。成员与合作社的交易，可能是交售农产品，也可能是购买生产资料，还可能是有偿利用合作社提供的技术、信息、运输等服务。成员与合作社的交易情况，按照最新修订的《农民专业合作社法》第四十三条的规定，应当记载在该成员的账户中。

（4）按照章程规定承担亏损。由于市场风险和自然风险的存在，农民专业合作社的生产经营可能会出现波动，有的年度有盈余，有的年度可能会出现亏损。合作社有盈余时分享盈余是成员的法定权利，合作社亏损时承担亏损也是成员的法定义务。

（5）章程规定的其他义务。成员除应当履行上述法定义务外，还应当履行章程结合本社实际情况规定的其他义务。

第三节 合作社的财务管理

一、筹措资金和管理资产

1. 筹措农民合作社资金

农民专业合作社的资金来源主要有成员出资、从合作社盈余中提取的公积金、国家扶持资金、他人捐赠资金、对外举债所取得的资金等。

（1）成员出资。成员出资是合作社经营活动资金的主要来源。合作社成员可以用货币出资，也可以用实物、技术、知识产权、土地承包经营权预期收益及其他可以用货币估价并可依法转让的非货币财产出资。

（2）盈余分配计提的公积金。农民合作社可以按照章程规定或者成员大会决议从当年盈余中提取公积金。公积金用于弥补亏损，扩大生产经营或者转为成员出资。

（3）国家扶持的资金和他人捐赠的资金。合作社获得的国家财政扶持资金和他人捐赠资金所形成的财产部分，应当平均量化到每个成员账户，并可作为成员参与合作社可分配盈余的分配依据。捐赠有约定的，按照约定进行管理。

（4）对外举债资金。经成员大会或成员代表大会决议，农民合作社可以对外借债和向金融机构申请贷款。借款或贷款的决策程序，由合作社章程加以规定。

2. 管理农民合作社资产

农民专业合作社的资产包括货币资金、应收款项、存货、对外投资、农业资产、固定资产和无形资产。

（1）货币资金。货币资金按照存放地点不同可以分为现金和银行存款。

现金管理方面,合作社要严格执行国家《现金管理条例》的规定,不能使用现金支付的业务,决不能使用现金;每天的现金收支余额要与现金库存数量相符,并与经营收入进行比对,现金收入大于库存现金最高限额时,要及时送存银行。

银行存款管理方面,除按规定留存必要的现金外,其余货币资金都要存入银行账户。在开展经营业务活动中,除符合使用现金支付的业务外,必须通过银行存款账户存款、取款和转账结算。

(2)应收款项。应收款项的管理重点在于确保应收款项的及时性和有效性;确保每一笔应收款项的入账、调整、冲销都有据可查,并经过授权审批;确保应收款项及收款的财务记录正确完整;保证折扣、折让经过审批;完整收取各项现金收入并保证其安全。

(3)存货。合作社存货包括各种材料、燃料、包装物、种子、化肥、农药、农产品和收获后加工而得的产品等。存货管理方面,要针对存货不同特点,加强对存货的科学分类,制定合理的计价原则,建立科学的管理制度和定期盘点制度,确保存货的合理使用。

(4)对外投资。合作社要建立对外投资管理制度,明确审批人和经办人的权限、程序、责任和相关控制措施;严格考察投资项目的可行性和投资潜力;加强对外投资收益的核算,严禁设置账外账,所得收益分配到成员账户;所有对外投资项目必须经成员大会或成员代表大会决议通过,并记录存档。

(5)农业资产。农业资产主要包括动物资产和植物资产。农业资产的管理重点在于确定资产的计价原则和计价方法。

(6)固定资产。固定资产管理重点要做好以下工作:一是科学分类,明确固定资产的用途;二是按照会计制度规定的计价原则和计价方法,准确确定固定资产的价值;三是建立固定资产折旧制度，采用适当方法，按照一定期限对固定资产提取折旧费用；四是制定固定资产的手法验收、保管、使用和维修保养等管理制度，明确岗位责任，组织人员定期对固定资产进行清查，做到账实相符。

（7）无形资产。无形资产主要包括专利权、商标权、非专利技术等。无形资产的管理重点是资产的计价和摊销。

二、成员账户管理与盈余分配

（一）设立成员账户

合作社的成员账户是合作社经营管理中最重要的会计依据，也是合作社在财务上区别于一般经济组织的重要特征。每个合作社都应当为其每一个成员设立独立的成员账户，成员账户对合作社及其成员意义重大。

（1）设立成员账户，可以用来核算成员与合作社的交易量（额），为成员参与盈余分配提供依据。《农民专业合作社法》第三十七条规定，合作社弥补亏损、提取公积金后的当年盈余为合作社的可分配盈余。可分配盈余按成员与合作社的交易量（额）比例返还，返还总额不得低于可分配盈余的 60%。由此可见，成员与合作社的交易量（额）是可分配盈余返还的重要依据，对其核算正确与否，直接影响着成员从合作社获得的经济利益。

（2）设立成员账户，可以用来核算成员的出资额和公积金变化情况，为成员承担经济责任提供依据。《农民专业合作社法》第五条规定，农民专业合作社成员以其账户内记载的出资额和公积金份额为限对农民专业合作社承担责任。也就是说，当合作社解散需要清算时，成员承担的合作社债务，视成员账户中记载的出资额和公积金份额的多少而定。

（3）设立成员账户，可以用来核算成员出资额、与合作社的交易量（额），为附加表决权的确定提供依据。《农民专业合作社法》第17条规定，出资额或者与合作社交易量（额）较大的成员按照章程规定，可以享有附加表决权。因此，只有对成员出资额、与成员交易量（额）进行正确核算，才能合理分配附加表决权。

（4）设立成员账户，汇集相关会计资料，为成员退社时处理财务问题提供依据。《农民专业合作社法》规定，成员资格终止时，农民专业合作社应当按照章程规定的方式和期限，退还记载在该成员账户内的出资额和公积金份额，返还可分配盈余或承担亏损和债务。只有加强对成员出资额和公积金份额的核算，才能保证成员"退社自由"，享受应有的权利，履行应尽的义务。

（二）编制成员账户

1. 成员账户编制格式

成员账户是按每个成员一份编制，详细记录每个成员与本社的交易量（额）以及按此返还给该成员的可盈余分配。此外，还包括成员的权益占本社全部成员权益的份额以及按此分配给成员的剩余可分配盈余。成员账户区别于一般的会计报表，有其独特的格式。

成员账户分为左右2个部分。左侧为成员个人的股金和公积金部分，包括成员入社的出资额、量化到成员的公积金份额、形成财产的财政补助资金量化到成员的份额、接受捐赠财产量化到成员的份额；右侧为成员与本社交易情况和盈余返还及分配情况，包括成员与本社的交易量（额）、返还给该成员的可分配盈余和分配给该成员的剩余盈余。

《农民专业合作社财务会计制度（试行）》给出了成员账户的基本格式，如下表所示。实际工作中，不同的农民专业合作社可根据自身需要，增加或减少有关项目和内容，确定成员账户的实用格式。

表　成员账户

成员姓名：　　　　　　　联系地址：　　　　　　　第　　页

编号	年		摘要	成员出资	公积金份额	形成财产的财政补助资金量化份额	捐赠财产量化份额	交易量		交易额		盈余返还金额	剩余盈余返还金额
	月	日						产品1	产品2	产品1	产品2		
1													
2													
3													
4													
5													
年终合计													
				公积金总额：				盈余返还总额：					

2. 相关科目

成员账户中包括了成员的出资额和公积金份额，也包括了成员的交易量（额）和利润返还。因此，在成员账户中涉及了股金、资本公积、盈余公积、应付盈余返还、应付剩余盈余等会计科目。这些会计科目的核算均需要按照有借必有贷，借贷必相等的原则记录，并且，在记录完毕后将每个成员的情况相应登记在该成员的成员账户中。

3. 具体编制方式

（1）将上年成员出资、公积金份额、形成财产的财政补助资金量化份额、捐赠财产量化份额直接对应填入上表中的"编号1"栏。

（2）"成员出资"项目，按本年成员出资计入股金的部分填列。

(3) "公积金份额"项目,按本年量化到成员个人的公积金份额填列。

(4) "形成财产的财政补助资金量化份额",按本年国家财政直接补助形成财产量化到成员个人的份额填列。

(5) "捐赠财产量化份额"项目,按本年接受捐赠形成财产量化到成员个人的份额填列。

(6) "交易量"和"交易额"项目,按本年成员与合作社交易的产品填列。

(7) "盈余返还金额"项目,按本年根据成员与合作社交易量(额)返还给成员的可分配盈余数额填列。

(8) "剩余盈余返还金额"项目,按本年根据成员"股金"和"公积金""专项基金"份额分配给成员的剩余数额填列。

(9) 年度终了,以"成员出资""公积金份额""形成财产的财政补助资金量化份额""捐赠财产量化份额"合计数汇总成员应享有的合作社公积金总额,以"盈余返还金额"和"剩余盈余返还金额"合计数汇总成员全年盈余返还总额。

(三) 年终盈余分配

合作社经营所产生的剩余,《农民专业合作社法》称之为盈余。具体而言,盈余是指合作社在一定会计期间内生产经营和管理活动所取得的净收入,即收入和支出的差额。它反映了合作社一段时期内经营管理的成果。区别于一般经济组织。合作社的盈余需要分配给合作社的成员。《农民专业合作社法》第三十七条规定,在弥补亏损、提取公积金后的当年盈余,为农民专业合作社的可分配盈余。

1. 盈余分配的要求

可分配盈余按照下列规定返还或者分配给成员,具体分配办法按照章程规定或者经成员大会决议确定:一是按成员与本社的交易量(额)比例返还,返还总额不得低于可分配盈余的60%;

二是按前项规定返还后的剩余部分，以成员账户中记载的出资额和公积金份额以及本社接受国家财政直接补助和他人捐赠形成的财产平均量化到成员的份额，按比例分配给本社成员。

合作社的盈余分配，是指把当年已经确定的盈余总额连同以前年度的未分配盈余按照一定的标准进行合理分配。盈余分配是合作社财务管理和会计核算的重要环节，关系到国家、集体、成员及所有者等各方面的利益，具有很强的政策性。因此，合作社必须严格遵守财务会计制度等有关规定，按规定的程序和要求，搞好盈余分配工作。

合作社在进行盈余分配前，首先应编制盈余分配方案，方案应详细规定各分配项目及其分配比例。盈余分配方案必须经合作社成员大会或成员代表大会讨论通过后执行，必须充分听取群众的意见。其次，应做好分配前的各项准备工作，清理有关财产，结清有关账目，以保证分配及时兑现，确保分配工作的顺利完成。

2. 盈余分配的顺序

合作社的可供分配的盈余，按照下列顺序进行分配。

（1）弥补上年亏损。主要是弥补上年亏损额。

（2）提取盈余公积。盈余公积用于发展生产、转增资本，或者用于弥补亏损。

（3）提取应付盈余返还。应付盈余返还是指合作社可分配盈余中应返还给成员的金额。可分配盈余是指合作社在弥补亏损、提取公积金后的当年盈余。现行财会制度规定，应付盈余返还按成员与本社交易量（额）比例返还给成员的金额，返还给成员的盈余总额不得低于可分配盈余的60%，具体返还办法按照合作社章程规定或者经成员大会决议确定。

（4）提取剩余盈余返还。应付剩余盈余指按成员与本社交易量（额）比例返还给成员的可分配盈余后，应付给成员的可分配盈余的剩余部分。这部分可分配盈余在分配时，不再区分成员是否与本社有交易量（额），对成员一视同仁，人人有份，平均受益。合作社财会制度规定，应付剩余盈余以成员账户中记载的出资额和公积金份额以及本社接受国家财政直接补助和他人捐赠形成的财产平均量化到成员的份额，按比例分配给本社成员。也就是扣除上述各项后的盈余可按"成员出资""公积金份额""形成财产的财政补助资金量化份额""捐赠财产量化份额"合计数为成员应享有的"剩余盈余返还金额"量化到成员进行分配。

3. 盈余分配的核算举例

为了反映和监督盈余的分配情况，专业合作社应设置"盈余分配"账户，核算专业合作社当年盈余的分配（或亏损的弥补）和历年分配后的结存余额。本科目设置"各项分配"和"未分配盈余"2个二级科目。专业合作社用盈余公积弥补亏损时，借记"盈余公积"科目，贷记本科目（未分配盈余）。按规定提取公积金时，借记本科目（各项分配），贷记"盈余公积"科目。按交易量（额）向成员返还盈余时，借记本科目（各项分配），贷记"应付盈余返还"科目。按成员账户中记载的出资额和公积金份额以及本社接受国家财政直接补助和他人捐赠形成的财产平均量化到成员的份额，按比例分配剩余盈余时借记本科目（各项分配），贷记"应付剩余盈余"科目。

年终，专业合作社应将全年实现的盈余总额，自"本年盈余"科目转入本科目，借记"本年盈余"科目，贷记本科目（未分配盈余），如为净亏损，则做相反会计分录。同时，将本科目下的"各项分配"明细科目的余额转入本科目"未分配盈余"明细科目，借记本科目（未分配盈余），贷记本科目（各项分配）。年度终了，本科目的"各项分配"明细科目应无余额，"未分配盈余"明细科目的贷方余额表示未分配的盈余，借方余额表示未弥补的亏损。

三、定期公开社务

民主管理是合作社的基本原则之一。为了使社员积极参与和监督合作社的社务,合作社必须实行社务公开。

1. 社务公开的主要内容

社务公开的主要内容如下。

(1) 合作社理事长须将每会计年度的事业预算、决算报告书备置在主事务所,以便社员随时查阅,接受社员的监督。

(2) 合作社理事长须将章程、大会记录、理事会记录、社员名册等文书备置在主事务所,以公开合作社的运营状况。

(3) 经社员若干人同意,可要求查阅合作社会计账簿;无特殊理由,合作社领导不能予以拒绝。

(4) 对合作社业务有违反法规或章程的疑问时,经社员若干人同意,可请求有关部门派人检查合作社业务。

(5) 设立合作社运营评价咨询会议。它由社员代表和社外合作经济专家若干人组成。其基本职能是:评价合作社运营状况,提出完善合作社运营的对策等。合作社理事长须向理事会和大会报告该会议提出的对策,并努力加以实施。

2. 社务公开的形式

(1) 以公开栏的形式公开。在农民专业合作社的办公地点设置社务公开栏,将公开事项逐条予以公布,并设置意见箱。

(2) 以会议和公开信的形式公开。通过召开成员(代表)大会,发放社务公开内容资料,宣读公开内容进行公开。合作社还需要定期印发社员公开信并公开社员应知的内容。

(3) 以填写发放社员证的形式公开。设计制作融注明社员身份、股金证明、社员个人账卡、社情民意、明白卡等于一体的社员证,适时填写发放公布,但不得取代公开栏。

3. 社务公开的时间

每季度月底应该公布基本社务,且每年需定期公开4次。财务公开内容需每月公开1次。填发社员证公开,一般一年1次。此外,应当及时公开的事项需要随时予以公布。

4. 社务公开的程序

第一,依照政策法规和社员的要求,监事会需根据本社的实际情况,提出社务公开的具体方案。第二,理事会在对方案进行审查、补充、完善之后,需要根据公开的内容采取多种不同形式,并安排相关部门和人员及时予以公布。第三,监事会需要建立社公开档案以备查。

5. 意见反馈

每次在村务公开之后,理事会需要负责收集、听取、接受成员反映的询问、意见和投诉,并及时予以解释和答复。理事会能够当场答复的,需要当场给予答复;不能够当场答复的,应当于7日内作出答复。如果半数以上的成员对于社务公开的事项不同意,那么应当坚决予以纠正,并重新公布。对反映的突出问题要组织专门人员调查、核实、纠正,并督促整改落实。

6. 监督管理

对不按规定进行社务公开的,监事会可以责令其限期公开;对弄虚作假、欺瞒成员的,应该给予有关责任人员批评教育,并责令其改正;对拒不改正或者情节严重以及有打击报复行为的,可以建议理事会按程序对有关责任人员予以罢免职务和除名;对社务公开中发现有挥霍、侵占、挪用、贪污合作社财物及其他违法行为的,应当及时处理,对其中构成犯罪的,移交司法机关依法处理。

第四节 如何创建合作社示范社

一、示范社的类型

农民专业合作社示范社是民主管理好、经营规模大、服务能力强、产品质量优、社会反响好的农民专业合作社，起示范引导作用，是合作社发展历程中的标杆先锋，是合作社队伍中的排头兵，也是国家重点扶持的对象。

示范社的类型有不同的划分。

1. 按照业务范围划分

（1）种植业合作社示范社。其主要包括粮食、蔬菜、水果、油料、棉花、种业、茶叶、中药材等生产和加工的合作社。

（2）畜牧业合作社示范社。其主要包括生猪、肉羊、肉牛、奶牛、蛋鸡、肉鸡等养殖及其加工的合作社。

（3）水产合作社示范社。其包括淡水养殖及其加工合作社。

（4）林业合作社示范社。即指依托林业资源开发而发展的合作社，主要有干果、花卉、苗木生产服务合作社。

（5）农机合作社示范社，即指为农业生产经营提供农机专业服务的合作社。

2. 按照等级划分

（1）县级示范社、市级示范社、省级示范社、国家级示范社。

（2）部分地区将示范社等级划分为 A 级、AA 级、AAA 级 3 个等级，以 AAA 级为最高等级。

（3）个别地区结合当地划分示范社等级，示范社、规范社、先进合作社等。

二、申报示范社

（一）示范社创建标准

《农民专业合作社示范社创建标准（试行）》中对合作社示范社的创建标准进行了详细规定。

1. 民主管理好

（1）依照《农民专业合作社法》登记设立，在工商行政管理部门登记满2年。有固定的办公场所和独立的银行账号。组织机构代码证、税务登记证齐全。

（2）根据本社实际情况并参照农业部《农民专业合作社示范章程》制定章程，建立完善的财务管理制度、财务公开制度、社务公开制度、议事决策记录制度等内部规章制度，并认真执行。

（3）每年至少召开1次成员（代表）大会并有完整会议记录，所有出席成员在会议记录上签名。涉及重大财产处置和重要生产经营活动等事项由成员（代表）大会决议通过，切实做到民主决策。

（4）成员（代表）大会选举和表决实行1人1票制，或1人1票制加附加表决权的办法，其中，附加表决权总票数不超过本社成员基本表决权总票数的20%，切实做到民主管理。

（5）按照章程规定或合作社成员（代表）大会决议，建立健全社务监督机构，从本社成员中选举产生监事会成员或执行监事，或由合作社成员直接行使监督权，切实做到民主监督。

（6）根据会计业务需要配备必要的会计人员，设置会计账簿，编制会计报表，或委托有关代理记账机构代理记账、核算。财会人员持有会计从业资格证书，会计和出纳互不兼任。理事会、监事会成员及其直系亲属不得担任合作社的财会人员。

（7）为每个成员设立成员账户，主要记载该成员的出资额、量化为该成员的公积金份额、该成员与本社的交易情况和盈余返还状况等。提取公积金的合作社，每年按照章程规定将公积金量化为每个成员的份额并记入成员账户。

（8）可分配盈余按成员与本社的交易量（额）比例返还，返还总额不低于可分配盈余的60%。

（9）每年组织编制合作社年度业务报告、盈余分配方案或亏损处理方案、财务状况说明书，并经过监事会（执行监事）或成员直接审核，在成员（代表）大会召开的十五日前置于办公地点供成员查阅，并接受成员质询。监事会（或执行监事）负责对本社财务进行内部审计，审计结果报成员（代表）大会，或由成员（代表）大会委托审计机构对本社财务进行审计。自觉接受农村经营管理部门对合作社财务会计工作的指导和监督。

2. 经营规模大

（1）所涉及的主要产业是县级或县级以上行政区域优势主导产业或特色产业。经营规模高于本省同行业农民专业合作社平均水平。

（2）农机专业合作社拥有农机具装备20台套以上，年提供作业服务面积达到1.5万亩以上。

3. 服务能力强

（1）入社成员数量高于本省同行业农民专业合作社成员平均水平，其中，种养业专业合作社成员数量达到150人以上。农民占成员总数80%以上，企业、事业单位和社会团体成员不超过成员总数5%。

（2）成员主要生产资料（初入社自带固定资产除外）统一购买率、主要产品（服务）统一销售（提供）率超过80%，标准化生产率达到100%。

（3）主要为成员服务，与非成员交易的比例低于合作社交易总量的50%。

（4）生产鲜活农产品的农民专业合作社参与"农超对接""农校对接"，或在城镇建立连锁店、直销点、专柜、代销点，实现销售渠道稳定畅通。

4. 产品质量优

（1）生产食用农产品的农民专业合作社所有成员能够按照《农产品质量安全法》和《食品安全法》的规定，建立生产记录制度，完整记录生产全过程，实现产品质量可追溯。

（2）生产食用农产品的农民专业合作社产品获得无公害产品、绿色食品、有机农产品或有机食品认证。生产食用农产品的农民专业合作社主要产品有注册商标。

5. 社会反响好

（1）享有良好社会声誉，无生产（质量）安全事故、行业通报批评、媒体曝光等不良记录。

（2）成员收入高于本县域内同行业非成员农户收入30%以上，成为农民增收的重要渠道。

（二）示范社的申报程序

从2006年开始，各地农业部门因地制宜，广泛开展多种形式的农民专业合作社示范社建设。在示范社的申报过程中，各地农业部门以《农民专业合作社示范社创建标准（试行）》作为参考依据，大多采取由农民专业合作社提交申报材料，然后由县、市、省等分管部门组织专家进行评审，最后确定示范社名单的申报方式。

三、申报国家示范社

（一）国家示范社申报标准

国家农民专业合作社示范社是指按照《中华人民共和国农民专业合作社法》《农民专业合作社登记管理条例》等法律法规规定成立，达到规定标准，并经全国农民合作社发展部际联席会议评定的农民专业合作社。

申报国家示范社的农民合作社原则上应是省级示范社,符合《国家农民专业合作社示范社评定及监测暂行办法》(农经发〔2013〕10号)的要求。具体标准如下。

1. 依法登记设立

(1)依照《中华人民共和国农民专业合作社法》登记设立,运行2年以上。登记事项发生变更的,农民专业合作社依法办理变更登记。

(2)组织机构代码证、税务登记证齐全。有固定的办公场所和独立的银行账号。

(3)根据本社实际情况并参照农业部《农民专业合作社示范章程》、国家林业局《林业专业合作社示范章程(示范文本)》,制定章程。

2. 实行民主管理

(1)成员(代表)大会、理事会、监事会等组织机构健全,运转有效,各自职责和作用得到充分发挥。

(2)建立完善的财务管理、社务公开、议事决策记录等制度,并认真执行。

(3)每年至少召开1次成员(代表)大会并有完整会议记录,所有出席成员在会议记录或会议签到簿上签名。涉及重大财产处置和重要生产经营活动等事项由成员(代表)大会决议通过。

(4)成员(代表)大会选举和表决实行1人1票制,或采取1人1票制加附加表决权的办法,附加表决权总票数不超过本社成员基本表决权总票数的20%。

3. 财务管理规范

(1)配备必要的会计人员,设置会计账簿,编制会计报表,或委托有关代理记账机构代理记账、核算。财会人员持有会计从业资格证书,会计和出纳互不兼任。财会人员不兼任监事。

(2) 成员账户健全,成员的出资额、公积金量化份额、与本社的交易量(额)和返还盈余等记录准确清楚。

(3) 可分配盈余按成员与本社的交易量(额)比例返还,返还总额不低于可分配盈余的60%。与成员没有产品或服务交易的股份合作社,可分配盈余应按成员股份比例进行分配。

(4) 每年编制年度业务报告、盈余分配方案或亏损处理方案、财务会计报告,经过监事会审核,在成员(代表)大会召开的15日前置于办公地点供成员查阅,理事会接受成员质询。

(5) 监事会负责对本社财务进行内部审计,审计结果报成员(代表)大会。成员(代表)大会也可以委托审计机构对本社财务进行审计。

(6) 国家财政直接补助形成的财产平均量化到成员账户,并建立具体的项目资产管理制度。

(7) 按照《农民专业合作社财务会计制度(试行)》规定,年终定期向工商登记机关和农村经营管理部门报送会计报表。

4. 经济实力较强

(1) 成员出资总额100万元以上。

(2) 固定资产:东部地区200万元以上,中部地区100万元以上,西部地区50万元以上。

(3) 年经营收入:东部地区500万元以上,中部地区300万元以上,西部地区150万元以上。

(4) 生产鲜活农产品(含林产品,下同)的农民专业合作社参与农社对接、农超对接、农企对接、农校对接等,进入林产品交易市场和林产品交易服务平台流通,销售渠道稳定畅通。

(5) 生产经营、财务管理、社务管理普遍采用现代技术手段。

5. 服务成效明显

（1）坚持服务成员的宗旨，以本社成员为主要服务对象。

（2）入社成员数量高于本省（区、市）同行业农民专业合作社平均水平，其中，种养业合作社成员数量达到100人以上（特色农林种养业合作社成员数量可适当放宽）。农民成员占合作社成员总数的80%以上，企业、事业单位和社会团体成员不超过成员总数的5%。

（3）成员主要生产资料统一购买率、主要产品（服务）统一销售（提供）率超过80%，新品种、新技术普及推广。

（4）带动农民增收作用突出，成员收入高于本县（市、区）同行业非成员农户收入30%以上。

6. 产品（服务）质量安全

（1）广泛推行标准化，有严格的生产技术操作规范，建立完善的生产、包装、储藏、加工、运输、销售、服务等记录制度，实现产品质量可追溯。

（2）在同行业农民专业合作社中产品质量、科技含量处于领先水平，有注册商标，获得质量标准认证，并在有效期内（不以农产品生产加工为主的合作社除外）。

7. 社会声誉良好

（1）遵纪守法，社风清明，诚实守信，在当地影响大、示范带动作用强。

（2）没有发生生产（质量）安全事故、环境污染、损害成员利益等严重事件，没有行业通报批评等造成不良社会影响，无不良信用记录。

对于从事农资、农机、植保、灌排等服务和林业生产经营的农民专业合作社，申报标准可以适当放宽。国家示范社的评定重点向生产经营重要农产品和提供农资、农机、植保、灌排等服务，承担生态建设、公益林保护等项目任务重、贡献突出的农民专业合作社倾斜。

(二) 国家示范社的申报流程

(1) 农民专业合作社向所在地的县级农业行政主管部门及其他业务主管部门提出书面申请。

(2) 县级农业行政主管部门会同农业（农机、渔业、畜牧、农垦）、水利、林业、供销社等部门和单位，对申报材料进行真实性审查，征求发改、财政、税务、工商、银行业监督管理机构等单位意见，经地（市）级农业行政主管部门会同其他业务主管部门复核，向省级农业行政主管部门推荐，并报省级有关业务主管部门备案。

(3) 省级农业行政主管部门分别征求农业（农机、渔业、畜牧、农垦）、发改、财政、税务、工商、银行业监督管理机构、水利、林业、供销社等部门和单位意见，经专家评审后在媒体上进行公示。经公示无异议的，根据示范社分配名额，以省级农业行政主管部门文件向全国联席会议办公室等额推荐，并附审核意见和相关材料。

(三) 国家示范社的评定

国家示范社每2年评定1次。其评定程序如下。

(1) 工作组根据各省（区、市）农业行政主管部门会同其他业务主管部门联合审定的推荐意见，对示范社申报材料进行审查，提出国家示范社候选名单和复核意见。

(2) 全国联席会议办公室根据工作组的意见和建议，形成评定工作报告报全国联席会议审定。

(3) 全国联席会议审定后，在有关媒体上进行公示，公示期为7个工作日。对公示的农民专业合作社有异议的，由地方农业行政主管部门会同有关部门进行核实，提出处理意见。

(4) 经公示无异议的农民专业合作社，获得国家农民专业合作社示范社称号，由农业部、国家发改委、财政部、国家税务总局、国家工商总局、中国银监会、水利部、国家林业局、中华全国供销合作总社等部门和单位联合发文并公布名单。

(5) 全国联席会议办公室将国家示范社名单汇总，建立国家示范社名录。

(四) 国家示范社的监测

实行2年1次的监测评价制度。其具体程序如下。

(1) 全国联席会议办公室提出国家示范社运行监测工作方案，报全国联席会议确定后组织开展运行监测评价工作。

(2) 国家示范社在监测年份的5月20日前，将本社发展情况报所在县级农业行政主管部门及其他业务主管部门。材料包括：国家示范社发展情况统计表，示范社成员产品交易、盈余分配、财务决算、成员增收、涉农项目实施等情况，享受税费减免、财政支持、金融扶持、用地用电等优惠政策情况。

(3) 县级农业行政主管部门会同农业（农机、渔业、畜牧、农垦）、水利、林业、供销社等部门和单位，对所辖区域国家示范社所报材料进行核查。核查无误后，经市级农业行政主管部门进行汇总，报省级农业行政主管部门。省级农业行政主管部门会同有关部门组织专家对本地区内国家示范社监测材料进行审核，提出合格与不合格监测意见并报全国联席会议办公室。

(4) 全国联席会议办公室组织相关领域专家成立专家组，负责对各省（区、市）监测结果进行审查，提出监测意见和建议。

(5) 根据专家组的监测意见，全国联席会议办公室对国家示范社的运行状况进行分析，完成监测报告并提交全国联席会议审定。

第六章 小农户的经营管理

第一节 小农户的发展背景

一、现实要求

我国是一个农业大国，而非农业强国。我国有着960万平方千米的国土，国土面积在世界上排名第三，可以说是国土辽阔。但是我国是一个有着近14亿人口的国度，而农业人口就达7亿，可耕作的土地平均到每个农户，往往只能分到"一亩三分地"。地少人多，"大国小农"的情况下更适宜小农户的细耕细作。

根据2017年年底第三次农业普查数据显示，我国小农户数量占到农业经营主体98%以上，小农户从业人员占农业从业人员90%，小农户经营耕地面积占总耕地面积的70%。此外，在经营上呈现小规模甚至超小规模。我国有2.3亿户农户，户均经营规模7.8亩，经营耕地10亩以下的农户达2.1亿户。这些数据表明，当前小农户家庭经营仍是中国农业的主要经营方式。

我国主要农产品由小农户来提供。小农户的贡献是必须肯定的，但当下的发展已经与我国农业供给侧结构性改革、保障粮食安全、满足消费升级需要不相适应，所以，必须推进小农户的现代化改造。

二、政策推进

在国家层面的政策文件中,首次提到"小农户"是在 2018 年中央 1 号文件《中共中央国务院关于实施乡村振兴战略的意见》中。它以整段的文字对小农户与现代农业发展的有机衔接进行了阐述。

促进小农户和现代农业发展有机衔接。统筹兼顾培育新型农业经营主体和扶持小农户,采取有针对性的措施,把小农生产引入现代农业发展轨道。培育各类专业化市场化服务组织,推进农业生产全程社会化服务,帮助小农户节本增效。发展多样化的联合与合作,提升小农户组织化程度。注重发挥新型农业经营主体带动作用,打造区域公用品牌,开展农超对接、农社对接,帮助小农户对接市场。扶持小农户发展生态农业、设施农业、体验农业、定制农业,提高产品档次和附加值,拓展增收空间。改善小农户生产设施条件,提升小农户抗风险能力。研究制定扶持小农生产的政策意见。

2019 年中央 1 号文件中,首次提出要落实扶持小农户和现代农业发展有机衔接的政策,完善"农户+合作社"、"农户+公司"利益联结机制。

2019 年 2 月中共中央办公厅、国务院办公厅印发的《关于促进小农户和现代农业发展有机衔接的意见》中指出,发展多种形式适度规模经营,培育新型农业经营主体,是增加农民收入、提高农业竞争力的有效途径,是建设现代农业的前进方向和必由之路。但也要看到,我国人多地少,各地农业资源禀赋条件差异很大,很多丘陵山区地块零散,不是短时间内能全面实行规模化经营,也不是所有地方都能实现集中连片规模经营。当前和今后很长一个时期,小农户家庭经营将是我国农业的主要经营方式。因此,必须正确处理好发展适度规模经营和扶持小农户的关系。既要把准发展适度规模经营是农业现代化必由之路的前进方向，发挥其在现代农业建设中的引领作用，也要认清小农户家庭经营很长一段时间内是我国农业基本经营形态的国情农情，在鼓励发展多种形式适度规模经营的同时，完善针对小农户的扶持政策，加强面向小农户的社会化服务，把小农户引入现代农业发展轨道。

第二节 小农户的概念和特征

一、小农户的概念

小农户是对经营规模的描述。概括来说，小农户是指因人多地少等禀赋而产生的以家庭为单位、融生产与消费于一体的农业微观主体。具体来说，小农户是指农民个体经营，生产资料归个人所有，以个人劳动为基础，农民的劳动所得归他自己所有的一种经营形式。在不同语境下，"小农户"也可用"小规模农户""小规模农民""小规模农业生产"或"小规模农场"等来表示，不同概念表述均可抽象出家庭经营的基础属性。

二、小农户的特征

我国现阶段的小农户不同于小农经济。小农经济作为一种生产方式，不仅具有规模小的形式特征，更为重要的是它具有传统农业的特征。这种特征至少反映在以下4个方面：一是小农经济以人畜力为生产手段，完全以农民世代使用的生产要素为基础从事农业生产。不仅劳动生产率低，而且土地生产率也很低，土地产出长期保持在一个较低的水平上。二是小农经济是一个封闭的生产系统，所使用的生产要素，除了像犁铧、镐、锄、镰等金属工具需要从市场上购买，其余大量使用的生产资料，包括种子、肥料甚至畜力几乎都是自给。三是小农经济是一个自给自足或半自给自足的经济，产品剩余很少，以满足自己消费为主。生活中的绝大部分消费品，从主食到副食、从衣服到鞋帽，都由家庭内部生产。因此，传统农业下的小农户需要面对的市场风险很少，主要是自然风险，小农户的破产更多是由天灾人祸所致。在没有现代农业科学技术和农业基础设施的条件下，自然灾害对农户生计的冲击可能是致命的。在严重灾害发生的年景下小农户面临着破产的风险。四是小农经济由于缺乏市场交换活动，生产者之间很少有以商品交易为纽带的经济交往。人们的社会活动半径极小，缺乏社会流动性，人们之间的交往主要表现为以血缘关系为基础的亲属之间交往和邻里之间的交往。

与传统农业的小农经济不同，现阶段我国的小农户在诸多方面都发生了质的变化。

（1）现阶段小农户的生产经营活动基于现代农业科学技术和工业装备应用的基础之上，除极个别地方外，典型的手工劳动基本退出农业生产，畜力农具也很少使用，农业基本走出了依靠世代经验积累种田的阶段。土地生产率与20世纪50年代相比，提高了近3倍。

（2）小农户是一个开放的生产系统，无论使用的生产资料还是生产出的产品，均高度依赖外部市场。现代科学技术的提升和现代工业的发展，为农业提供了良种、化肥、农药、农膜和其他生产工具，这些生产资料的使用是他们获取较高的土地生产率和劳动生产率的必备条件。这些生产资料都要从市场上购买，除种子来自农业领域之外，大量使用的化肥、农药、机械等来自于工业。尽管小农户的规模较小，但主要生产一种或两种产品，生产不是为满足自身消费，而是为了换取货币收入。因此，现阶段小农户的生产体现为商品化、专业化的特征，从属于商品经济范畴。

(3) 现阶段小农户家庭收入结构发生了巨大变化,家庭经营收入(或说农业生产收入)占家庭全部收入的比重显著下降。在农地资源禀赋较差且二、三产业发达的地区,家庭经营收入在家庭人均可支配收入中所占比重已经下降到25%以下,而工资性收入已经占到了60%以上。即便在东北这样资源禀赋相对优越的主要农区,家庭经营收入比重也下降到了70%以下。由于这样的收入结构以及农户土地的集体所有性质,使农户并不存在或很少存在家庭经营破产的风险。变化的趋势显示,小农户对农业的依赖程度越来越低。

(4) 农户生产经营结构发生了根本性的变化。越来越多的农户生产经营项目在减少,以满足家庭消费为目标的小而全的家庭经营结构在较大程度上已经消失。除自给性较强的蔬菜生产外,其他满足日常消费的产品,农户大部分从市场购入,专业化、商品化生产程度显著提高。由此也使农户与外部的联系越来越多,封闭半封闭的家庭消费方式已经完全打破。

(5) 农户的社会交往方式发生了改变,家庭外部经营组织开始出现,如各类专业合作社、农民技术协会。农户与外部经营组织的合作日益频繁,包括农业产业化经营、各种订单农业等。

由此可见,尽管我国现阶段农户土地平均经营规模比历史上任何时期都小,特别是农地资源禀赋较差的地区土地经营规模更小,但从本质上看,已经脱离了传统农业小农经济的特征。

第三节 小农户的发展模式

尽管目前小农户是我国农业最主要的生产经营形式,但农业现代化、机械化仍旧是大的趋势。如果小农户不融入现代农业发展,乡村振兴目标就难以如期实现。因此,小农户必须转变落后思想观念,创新发展模式。

一、托管服务模式

托管服务模式坚持"政府引导、部门支持、市场运作、农民自愿、企业自主"的原则,成立托管服务中心。这种模式下,土地耕地性质不变,土地的收益全部归农户。如果小农户的产品需要出售,有的合作社还会高于市场价予以回购,最大限度地保障小农户利益。同时,合作社还会与小农户签订托管服务合同,明确双方权利义务,并严格按照合同约定履行服务承诺。农民自愿选择合作社的服务,并根据实际服务情况,与合作社结算费用。

案例:农业托管让农户轻松种地

山东省济南市长清永盛农机合作社目前托管土地3 179亩(15亩=1公顷。全书同),对长年打工和劳动能力不足的农户,提供选种、施肥、耕种等全程托管服务。另外,在为农户提供全程作业服务的同时还一次性回购种粮户450亩小麦,让农户既能轻轻松松种地,安安心心收获,也能腾出剩余劳动力和时间外出打工或从事其他产业。

二、"合作社+农户"服务模式

"合作社+农户"服务模式主导是合作社,此模式特别适合产业单一的合作社,帮助合作社技术和品种引进或推广。通过"合作社+农户"的模式可以提高农户参与的积极性,并且帮助合作社做强做大。当小农户们聚在一起组建合作社,就形成拳头力量,规模面对市场,产品化销售农产品,规模化采购农资。

案例：合作社与农户推广稻鳅共生

江苏省常州市武进区横林镇是一个农业大镇，耕地面积8.2万亩，主要种植水稻和棉花。近2年，该镇依托农业专业合作社，引导农户开展稻田综合种养新模式，成效初显。除了1万亩的虾稻连作基地，该镇还依托养殖专业合作社，规划稻鳅共生基地。合作社与农户合作推广稻鳅共生，由合作社免费向农户提供种子、技术和肥料，并出资对田块进行改造。产出的稻谷归群众所有，合作社回收泥鳅价格比市场价更高。

三、"企业+农户"服务模式

随着经济发展和科技进步，小农户经营规模进一步提高，"企业+农户"逐渐成为农业产业化经营的一个重要组织形式。"企业+农户"服务模式通常由企业提供产前、产中、产后全过程服务，以外部组织的规模收益，相对有效地克服了小农经营规模不经济的弊端，实现了龙头企业与农户间更紧密的联结机制，创新了现代农业经营方式。

案例：温室集团首创"公司+农户"模式

广东省的企业温氏集团，首创了"公司+农户（家庭农场）"的模式。公司提供种苗、饲料、药物保健和技术服务，由家庭农场统一规划的场地进行养殖生产，公司确保产品保价回收，确保农场主的合理平均利润。这一模式通过构建合理的利益分配机制，将公司与农户联结为利益共同体，带动农户增收致富。目前，温氏已在贵州省发展了11个分公司，养猪规模达440万头，取得了良好的经济和社会效益。

四、"协会+农户"服务模式

"协会+农户"服务模式通常生产企业牵头,为成员提供生产全过程技术服务。如今这种模式已经成为许多小农户脱贫致富的新法子。

案例:新模式让蔬菜产供销一体化

湖南省龙山县蔬菜产业协会积极探索发展规模化种植,实现蔬菜产供销一体化,已形成"协会+农户"经营模式。协会引进蔬菜新品种、新技术、新方法,创办示范样板、举办技术培训班、争创地方特色品牌、联系销售市场。创办800多亩水果轮作示范、1 000多亩稻菜轮作示范、4 000多亩烟菜连作示范、5 000多亩高山反季节蔬菜示范。为农户每年举办技术培训,让农户有样可学,不断深化现代农业意识,提高经济收益。

五、产学研服务模式

"产学研合作"一般是指高校、科研机构与产业界的合作。在农业方面,这种模式有科研院所为后盾,为农户提供先进的养殖技术、优良的品种、科学的管理方式,具有旺盛的发展潜能。

案例:产学研结合带动农户发展

湖南省道州玉华鹅业公司以永州工贸中专学校为核心群共建基地18个,与湖南农大签订合作协议,实行产学研结合带动农户发展。公司与农大协作改良新品种、研发饲养新技术、培育优良种苗，又与农户签订年度供种苗、饲料、技术、销售合同。实行保底价收购，农户可以自由在市场上销售，销售价格低于保底价的，差价部分由公司补助。现发展农户4 500户，年出笼灰鹅90万羽。

第四节　小农户经营管理策略

一、小农户的经营优势

我国小农户之所以存在并发展，很大程度上是因为小农户有其独特优势，在农业现代化过程中可以发挥特殊的作用。

第一，小农户是家庭经营的，属于自我雇用，与手工业的家庭作坊有类似之处，而不同于雇工经营的农业公司。这种生产方式与农业的生产特点相适应。农业是一个自然生长过程，生产时间长，且工作弹性很大，很难进行监管，因此，需要劳动者高度的自觉性和主动的工作精神。家庭经营将收益和劳动的付出直接联系在一起，几乎不需要进行监管。

第二，家庭经营可以通过兼业来最大效率地利用劳动力。农业生产的季节性很强，有农忙和农闲之分，在农闲时期，农业劳动力可以外出季节性打工，或者从事家庭副业来补充农业收入的不足。农业劳动力可以灵活地在农业和非农业之间进行转换，特别是那些有手艺的农民，可以充分利用农闲时间，做手艺活增加收入，维持比较好的生活。雇工经营则不同，不管农闲或农忙，都要给雇工支付工资，这就大大增加了生产成本。一些农业公司经营亏损，除了投资过大和市场波动以外，不能充分利用劳动力和管理成本太高，也是其中重要的原因。

第三，小农户的土地面积有限，投入在土地上的劳动会比较多，土地产出效率往往比大规模粗放经营的农场要高。规模化经营往往是以减少单位土地产出为代价的，小农户经营则可以增加土地的生产效率，这在中国这样一个人多地少的国家，意义尤为重要。

第四，小农户为农业的多样性创造了条件。规模化的农场往往集中于单一作物的生产，从农业生态学来看，这种生产方式带来了许多问题。因为作物品种单一很容易诱发病虫害，为防治病虫害就会大量使用农药，造成食品安全问题。小农户的农业生产规模小，生产可以多样化，不同的农户和不同的地块都可以种植不同的作物，也可以饲养不同的牲畜，有利于保持农业生物多样性和生态环境的丰富性。

二、小农户面临的困难

在工业化和城市化的背景下，小农户经营面临着许多新的困难。

第一，与工业相比较，农业的收益很低，在很多地方甚至不能自给自足，需要依靠政府补贴才能够持续。这造成小农户对非农收入的高度依赖，有许多农民为了外出务工，只能放弃原来精耕细作的农业传统，采取最节约劳动力的方式从事农业。更多农民放弃了农业，成为完全依赖非农业收入的城镇人口。

第二，小农户的生产面临着进入市场的困难。这不仅因为小农户缺少进入市场的渠道，还因为小农户生产规模较小且缺少统一的标准和标识。大多数小农户的产品高度依赖中间商，中间商不仅会压低价格而且会将市场风险转嫁给小农户。工业化和城市化将就业机会越来越集中到城市，造成小农兼业的困难，小农户在家庭周边打工的机会在逐渐减少。此外，资本下乡也在挤压小农户生存空间，一些公司进入乡村以后，大量流转土地，实施规模化经营，使周边的小农户很难生存。

第三，构建新型市场关系。现在的市场关系是基于竞争而形成的，在这种市场关系中，小农往往处于不利的地位。现在正在形成一些新型的市场关系，如生产者和消费者的直接对接，地方性而非全国或全球的市场以及基于熟人关系和相互信任而形成的交易关系等，这些都可以更有利于小农户的生产和发展。

三、小农户经营管理的路径

在新时代实施乡村振兴战略背景下，充分发挥小农户的积极作用，实现小农户和现代农业发展的有机衔接，关键是要做好以下5个方面的路径工作。

1. 以现代科技和装备为支撑

农业产业兴旺关键在科技进步和创新。要立足我国国情，遵循农业科技规律，加快创新步伐，努力抢占世界农业科技竞争制高点，牢牢掌握我国农业科技发展主动权，为我国由农业大国走向农业强国提供坚实科技支撑。

（1）发展现代生产技术。适应农业转方式调结构新要求，调整农业科技创新方向和重点，选择适合我国实际的技术创新路线，在现代育种、农业信息、农产品精深加工、资源节约、农产品质量安全等领域进行重点突破，从而实现提高产量、提升质量、降低成本、保证安全的效果。

（2）发展农业物质装备。不断改善和提升农业装备水平，尤其是机械化水平，加快农机结构的优化配置，提高农业机械的科技含量，大力推进主要农作物生产机械化，提高土地产出率、资源利用率和劳动生产率。同时，积极利用现代物质装备改善小农户储藏条件，减低因缺乏现代化设施所导致的在流通领域中的大量损失，提高农户的收入。

2. 形成多种形式适度规模经营

当前和今后一个长时期，小农户家庭经营仍将是我国农业的主要经营方式，但组织小农户形成多种形式适度规模经营，发展社会化大生产是现代农业的必然选择。培育发展家庭农场、农民合作社、各种类型的产业化经营组织以及多元化的农业生产性服务组织，其主要功能之一，就是组织带动众多小农户参与到现代农业发展的进程中。因此，一方面要鼓励引导小农户合作和联合，通过组建家庭农场联盟、农民合作社，鼓励农业产业化龙头企业和工商资本，特别是多种多样的农业生产性服务组织，带动小农户"生产得出来""卖得出去""卖得出好价钱"，解决小农户一家一户干不了、干不好的事情，提高现代农业的组织化程度；另一方面以家庭农场、农民合作社为骨干，密切其与小农户的多方面联系，形成命运共同体，要特别重视家庭农场、农民合作社在组织农民、降低生产成本、增加经营效益方面的功能作用，大力扶持家庭农场发展，提升规范农民合作社，建立健全支持家庭农场、农民合作社发展的体制机制、政策体系和管理制度，完善"农户+农民合作社""公司+农户"利益联结机制，落实相关政策，让小农户有充分的发展空间和获利空间。

3. 以发挥小农户主体作用为导向

我国农业发展、农村繁荣、农民富裕的关键在"人"，应充分发挥亿万农民主体作用和首创精神。

（1）提升农民的身份认同。提高农民思想道德和科学文化素质，培育与社会主义核心价值观相契合、与社会主义新农村建设相适应的优良家风、文明乡风和新乡贤文化，充分挖掘具有农耕特点、民族特色、乡土特质的物质文化和非物质文化遗产，促进农民的主体意识的觉醒、自我认同的建立。

（2）加快培育新型职业农民。大力发展农村基础教育和职业教育，对农民开展各种形式的职业技能和知识的培训，培养和强化农民职业理想和信念,提高其生产经营能力、农业生产效率和增收能力,增强农民的自我积累和内生发展能力,培养一大批把农民作为一个职业象征的具有较强市场意识、懂经营、会管理、有技术的农村发展带头人、农村技能服务型人才、农村生产经营型人才等农村实用人才,从而吸引更多的人成长为新型职业农民。

4. 以构建新型农业社会化服务体系为依托

全球经验反复证明,小农户在保障粮食安全、提供就业、实现农业可持续发展方面有着不可替代的多元功能和积极作用。因此,一方面大力发展农业生产性服务业,培育壮大适应小农户需求的多元化多层次农业生产性服务组织。在重要农业生产经营作业方面,提供全程或专项服务,托管、半托管小农户生产经营相关事务,促进针对小农户的专项服务和综合服务相互补充,协调发展。解决千家万户小农户生产经营过程中的难题,以及农业生产关键环节"最后一公里"问题,要将生产性服务业作为战略性产业来抓,在减少农业生产直接从业人员的同时,不断拓展农业生产性服务业内涵外延,将单纯的农业生产性服务业拓展到包括乡村各类产业的乡村服务性产业,增加小农户在农业内部的就业机会。另一方面强化政府行为在农业产前市场信息提供、土地经营权流转、信贷保险支撑,生产过程中的产业链延伸、供给链保障、价值链提升、利益链完善、生态链拓展,产后产业、产品品牌塑造以及市场开拓方面为小农户提供全方位、广覆盖、无遗漏帮助和服务,提升小农户的产业素质和产业竞争力。

5. 以产业融合发展为引擎

推进农村一、二、三产业融合发展,是拓宽农民增收渠道、构建现代农业产业体系的重要举措,是加快转变农业发展方式、探索中国特色农业现代化道路的必然要求。

(1) 丰富产业融合的内容。加快农业结构调整,优化农业种养殖结构，大力发展绿色农业；鼓励发展农业生产性服务业和农产品加工业，推进农产品流通体系建设，进一步延伸农业产业链条；推进农业与旅游、教育、文化、健康养老等产业深度融合，拓展农业多种功能。

（2）创新产业融合手段。大力发展农业新型业态，实施"互联网+现代农业"行动，推进现代信息技术应用于农业生产、经营、管理和服务。

（3）探索农村产业融合的不同模式。因地制宜，鼓励发展农村"一村一品""一乡一业""一县一产"，支持小农户发展特色优质个性农产品。根据各地经济社会条件和资源禀赋，创造宽松外部环境，农工、农商、农旅、农文、农城结合，带动小农户发展观光旅游休闲、电子商务、生态环境保护以及农村公共事业项目管护等新产业、新业态。在农业外部，毫不动摇继续推进城镇化，转移农村富余劳动力，特别是鼓励小农户就地就近就业，发展二、三产业，实现小农户的多元就业，多元增收。

下 篇
新型农业经营主体提质增效

第七章 农产品质量安全

第一节 农产品质量安全概述

一、农产品质量安全的含义

按照《中华人民共和国农产品质量安全法》中的定义，农产品质量安全是指农产品质量符合保障人的健康、安全的要求。安全意味着在生产过程、贮藏和运输、加工和销售等各个环节，各种有毒有害物质都得到了控制，农产品质量都达到了安全标准要求，不会给消费者本人、后代和环境造成危害和损失。狭义的安全仅仅指对消费者本人的健康而言，而广义的安全还应包括对后代、环境等方面的影响。无公害食品、绿色食品和有机食品是按照特定标准要求、采用特定方式生产出的质量安全的一类食用农产品。

发展无公害农业的目的之一，就是通过生产无公害农产品，确保农产品的质量安全。保障农产品质量安全是维护公众健康，促进农业和农村经济发展的要求。

二、农产品质量安全的潜在危害因素

对农产品质量安全可能造成直接或长期影响的危害因素主要如下。

（1）农业种植、养殖过程可能产生的危害，包括因投入品

不合理使用造成的农药、兽药、渔药、添加剂等有毒有害物质残留污染以及因产地环境造成的污染和汞、铅、铬、镉等重金属毒物和氟化物等非金属毒物污染。

（2）农产品包装储运过程可能产生的危害，包括贮存过程中使用的保鲜剂、催熟剂和包装材料中有害化学物等产品的污染以及流通渠道中导致的二次污染。

（3）农产品自身的生长或发育过程中产生的危害，如农产品本身的天然毒素就是目前农产品所面临的危害之一。

（4）农业生产中新技术的应用产生的危害，主要可能是由于技术发展或物种变异而带来新的危害。

三、加强农产品质量安全的意义

全面加强农产品质量安全工作，是新阶段农业发展的一项主要任务，也是农业结构调整的重要内容，具有重要意义。

1. 有利于保护资源和生态环境

加强农产品质量安全，有利于促进农业可持续发展，走出一条发展生产和保护环境相结合的新路子，引导农业生产方式的变革。开发安全农产品，有利于保护生态环境和合理利用土地资源。

2. 有利于满足城乡居民对高质量食物日益增长的需求

按照优势农产品区域布局，以标准化，规范化生产为基础，组织农民生产市场所需要的优质安全农产品，是新时期农业与农村工作的重大任务。无公害农产品、绿色食品、有机食品均已建立起一整套较完备的标准体系，能够实现"从土地到餐桌"全程质量控制。

3. 有利于拓展生产领域，拉长产业链条，促进农业产业化发展

以创新的制度设计为核心的安全农产品生产和认证管理是农

业向深度和广度拓展的有效载体,通过产品认证,密切了产业上下游间的利益联结机制,提高了农民的组织化程度和农业整体素质,强化了基地与企业、企业与市场的关联度,拉长了产业链条,促进了农业增效,带动了农民增收,因此,农产品质量认证是农业产业化经营的良好载体。

4. 有利于农业结构调整和新时期农业管理方式的变革

农业结构调整的核心是大幅度提高农产品质量,增加市场份额,促进农民增收。保障安全是对农产品质量的最低要求。

5. 有利于冲破"绿色壁垒",扩大农产品出路,提升我国农产品国际竞争力

保证和加强农产品质量安全是适应经济全球化趋势,扩大农产品出口的当务之急。"入世"后,如何使我国的农产品在出口中适应遇到的越来越多的技术性贸易壁垒(TBT)协定,在世界上占据应有的位置,是摆在我们面前刻不容缓的问题,而解决这个问题的关键是提高农产品的质量安全水平。

第二节 农产品认证

无公害农产品标志　　　绿色食品标志　　　有机食品标志

认证是指由认证机构证明产品、服务、管理体系符合相关技术规范、相关技术规范的强制性要求或者标准的合格评定活动。农产品认证是随着农产品生产、消费水平的提高和市场需求的变化而产生和发展的。目前，我国农产品认证主要以无公害农产品认证、绿色食品认证和有机产品认证为主。

一、无公害农产品认证

无公害农产品侧重于解决由于环境污染，农药、兽药、激素和添加剂的滥用造成的农产品中有害物质严重超标的"公害"问题，使农产品质量符合国家食品卫生标准，以保证人们对农产品质量安全的化学农药、兽药、渔药、饲料添加剂等，禁止使用对人体和环境造成危害的化学物质。

1. 无公害农产品的法规和标准

为了突出无公害农产品标准的重要性，便于有关部门和社会各界对无公害农产品进行监督和管理以及利于无公害农产品生产者、经营者和消费者识别标准，农业部在原有行业标准框架的基础上，单独设立了无公害农产品行业标准以及相应检测检验方法。除生产技术规范（包括饲养管理准则和加工技术规范）为推荐标准外，其他均为强制性标准。

为了全面提高农产品质量安全，搞好无公害农产品的质量控制，国家发布了《农产品安全质量标准》系列，包括《无公害蔬菜安全要求》《无公害水果安全要求》《无公害畜禽肉安全要求》《无公害水产安全要求》《无公害蔬菜产地环境安全要求》《无公害水果产地环境安全要求》《无公害畜禽肉产地环境安全要求》《无公害水产品产地环境要求》等。

在随后的几年里，国家农业部和国家质量监督检验检疫总局进一步完善了无公害农产品的法规和标准体系，制定了《无公害农产品管理办法》《无公害农产品产地认定及产品认证程序》

《无公害农产品生产的技术规程》，并在2003年5月7日农业部根据《无公害农产品管理办法》，制定和颁布了《无公害农产品标志管理办法》。

这些法规和标准分别对无公害农产品的产地环境、生产过程和产品质量提出具体要求：对农药、化肥和兽药提出使用规范；对生产、加工过程提出监控措施。在保证产地环境安全的基础上保证农产品质量安全。

2. 无公害农产品认证

无公害农产品认证管理机关为农业部农产品质量安全中心。农业部农产品质量安全中心负责组织实施全国的无公害农产品认证工作。根据《无公害农产品管理办法》（农业部、国家质检总局第12号令），无公害农产品认证分为产地认定和产品认证，产地认定由省级农业行政主管部门组织实施，产品认证由农业部农产品质量安全中心组织实施，获得无公害农产品产地认定证书的产品方可申请产品认证。无公害农产品定位是保障基本安全、满足大众消费。无公害农产品定位是保障基本安全、满足大众消费。无公害农产品认证是政府行为，认证不收费。

凡生产无公害产品目录内的产品，并获得无公害农产品产地认定证书的单位和个人，均可申请产品认证。无公害农产品认证的一般程序是：申请产品认证的单位和个人（以下简称"申请人"），可以通过省、自治区、直辖市和计划单列市人民政府农业行政主管部门或者直接向农业部农产品质量安全中心申请产品认证并提交材料，经过文审、现场检查（必要时）、产品抽样检验、全面评审、合格者颁发证书。证书的有效期是3年。具体程序如下。

（1）满足条件的单位和个人，可以直接向所在县及农产品质量安全工作机构（以下简称"工作机构"）提出无公害农产品产地认定和产品认证一体化申请，并提交以下材料：①《无公害农产品产地认定与产品认证（复查换证）申请书》；②国家法律法规规定申请者必须具备的资质证明文件（复印件）；③无公害农产品生产质量控制措施；④无公害农产品生产操作规程；⑤符合规定要求的《产地环境检验报告》和《产地环境现状评价报告》或者符合无公害农产品产地要求的《产地环境调查报告》；⑥符合规定要求的《产品检验报告》；⑦规定提交的其他相应材料。

申请产品扩项认证的，提交材料①④⑥和有效的《无公害农产品产地认定证书》。

申请复查换证的，提交材料①⑥⑦和原《无公害农产品产地认定证书》和《无公害农产品认证证书》复印件，其中，材料⑥的要求按照《无公害农产品认证复查换证有关问题的处理意见》执行。

（2）同一产地、同一生长周期、适用同一无公害食品标准生产的多种产品在申请认证时，检测产品抽样数量原则上采取按照申请产品数量开二次平方根（四舍五放取整）的方法确定，并按规定标准进行检测。申请之日前两年内部、省监督抽检质量安全不合格的产品应包含在检测产品抽样数量之内。

（3）县级工作机构自收到申请之日起10个工作日内，负责完成对申请人申请材料的形式审查。符合要求的，在《无公害农产品产地认定与产品认证报告》（以下简称《认证报告》）签署推荐意见，连同申请材料报送地级工作机构审查。不符合要求的，书面通知申请人整改、补充材料。

（4）地级工作机构自收到申请材料、县级工作机构推荐意见之日起15个工作日内，对全套申请材料进行符合性审查，符合要求的，在《认证报告》上签署审查意见（北京、天津、重庆等直辖市和计划单列市的地级工作合并到县级一起完成），报送省级工作机构。不符合要求的，书面告知县级工作机构通知申请人整改、补充材料。

(5) 省级工作机构自收到申请材料及县、地两级工作机构推荐、审查意见之日起20个工作日内，应当组织或者委托地县两级有资质的检查员按照《无公害农产品认证现场检查工作程序》进行现场检查，完成对整个认证申请的初审，并在《认证报告》上提出初审意见。

通过初审的，报请省级农业行政主管部门出具《无公害农产品产地认定与产品认证现场检查报告》并及时报送部门各业务对口分中心复审。

未通过初审的，书面告知地县级工作机构通知申请人整改、补充材料。

(6) 本工作流程规范未对无公害农产品产地认定和产品认证作调整的内容，仍按照原有无公害农产品产地认定与产品认证相应规定执行。

(7) 农业部农产品质量安全中心审核颁发《无公害农产品证书》前，申请人应当获得《无公害农产品产地认定证书》或者省工作机构出具的产地认定证明。

3. 无公害农产品标志及管理

(1) 无公害农产品标志的基本图案。无公害农产品标志由绿色和橙色组成，其标志图案主要由麦穗、对钩和无公害农产品汉字组成，标志整体为绿色，其中，麦穗与对钩为金色。绿色象征环保和安全，金色寓意成熟和丰收，麦穗代表农产品，对钩表示合格。标志图案直观、简洁、易于识别，含义通俗易懂。无公害农产品标志是由农业部和国家认监委联合制定并发布，是加施于获得全国统一无公害农产品认证的产品或产品包装上的证明性标志。

(2) 标志使用。在经过无公害农产品产地认定的基础上，在该产地生产农产品的企业和个人，按要求组织材料，经过省级工作机构、农业部农产品质量安全中心专业分中心、农业部农产品质量安全中心的严格审查、评审，符合无公害农产品标准，同意颁发无公害农产品证书并许可加贴标志的农产品，才可以冠以"无公害农产品"称号。

（3）处罚规定。伪造、变造、盗用、冒用、买卖和转让无公害农产品标志以及违反《无公害农产品管理办法》规定的，按照国家有关法律法规的规定，予以行政处罚；构成犯罪的，依法追究其刑事责任。

从事无公害农产品标志管理的工作人员滥用职权、徇私舞弊、玩忽职守，由所在单位或者所在单位的上级行政主管部门给予行政处分；构成犯罪的，依法追究刑事责任。

4. 申请无公害农产品认证程序

申请人与当地农业部门联系——进行产地土壤、水、产品抽样检验——编写申请认证材料——进行现场检查——材料齐全后报农业部农产品质量安全中心审核——通过审核后订购无公害农产品标识——颁证。

（1）首次申请无公害农产品认证需要的材料。

①《无公害农产品产地认定与产品认证申请和审查报告（2014版）》（简称《申请和审查报告》）。

②国家法律法规规定申请人必须具备的资质证明文件（如营业执照、组织机构代码证、法人代表身份证）复印件。

③《无公害农产品内检员证书》复印件。

④无公害农产品生产质量控制措施（内容包括组织管理、投入品管理、卫生防疫、产品检测、产地保护等措施及技术操作规程）。

⑤最近生产周期农业投入品（农药、肥料等）使用记录复印件。

⑥《产地环境检验报告》及《产地环境现状评价报告》。

⑦《产品检验报告》原件或复印件加盖检测机构印章(一品一检)。

⑧《无公害农产品认证现场检查报告》原件(不能打印,一律手填)。此报告由市级以上农业部门填写。

⑨无公害农产品认证信息登录表(电子版)。

⑩其他要求提交的有关材料。

(2)申请扩项认证无公害农产品需要的材料。

①《无公害农产品产地认定与产品认证申请和审查报告(2014年版)》。

②最近生产周期农业投入品(农药、肥料等)使用记录复印件。

③《无公害农产品产地认定证书》及已获得的《无公害农产品证书》复印件。

④《产品检验报告》原件或复印件加盖检测机构印章(一品一检)。

⑤《无公害农产品认证现场检查报告》原件(不能打印,一律手填)。此报告由市级以上农业部门填写。

⑥无公害农产品认证信息登录表(电子版)。

(3)申请无公害农产品复查换证需要的材料。

①《无公害农产品产地认定与产品认证申请和审查报告(2014年版)》。

②原《无公害农产品产地认定证书》和《无公害农产品认证证书》复印件。

③《无公害农产品认证现场检查报告》原件(不能打印,一律手填。此报告由市级以上农业部门填写)。

④产品质量稳定、安全的证明材料(如产品检验报告,或有效期内的产品监督抽检报告,或县、市农业部门证明)。

⑤原证书有效期间的《无公害农产品产地监督检查评价表》

(此报告由市级以上农业部门填写)。

⑥《无公害农产品认证信息登录表》(电子版)。

⑦其他需要提交的材料。如产品信息变化情况说明。

二、绿色食品的认证

绿色食品在产地、生产规范以及产品等方面的标准都比无公害农产品高。绿色食品是指遵循可持续发展原则,按照特定生产方式生产,经专门机构认定,许可使用绿色食品标志,无污染、安全、优质、营养类食品。

中国的绿色食品标准是由中国绿色食品发展中心组织制定的统一标准,根据标准不同将其分为 A 和 AA 级 2 个级别。A 级绿色食品的标准是参照发达国家食品卫生标准和联合国食品法典委员会(CAC)的标准制定的,要求产地环境质量评价项目的综合污染指数不超过 1,在生产加工过程中,允许限量、限品种、限时间地使用安全的人工合成农药、兽药、渔药、肥料、饲料及食品添加剂。AA 级绿色食品的标准是根据国际有机农业运动联合会(1FOAM)有机产品的基本原则,参照有关国家有机食品认证的标准,再结合中国的实际情况而制定的。要求产地环境质量评价项目的单项污染指数不得超过 1,生产过程中不得使用任何人工合成的化学物质,且产品需要 3 年的过渡期。

(一)绿色食品标准

绿色食品标准以"从农田到餐桌"全程质量控制理念为核心,由以下 4 个部分构成,并且分为 A 级和 AA 级 2 个技术等级。

1. 绿色食品产地环境标准

即《绿色食品产地环境技术条件》(NY/T 391)。该标准规定了产地的空气质量标准、农田灌溉水质标准、渔业水质标准、畜禽养殖用水标准和土壤环境质量标准的各项指标以及浓度限值、监测和评价方法。提出了绿色食品产地土壤肥力分级和土壤质量综合评价方法。

(1) AA级绿色食品环境质量标准。A级绿色食品大气环境质量评价,采用国家大气环境质量标准(GB 3095—82)中所列的一级标准;农田灌溉水评价,采用国家农田灌溉水质标准(GB 5084—92);养殖用水评价采用国家渔业水质标准(GB 11607—89);加工用水评价采用生活饮用水质标准(GB 5749—85);畜禽饮用水评价采用国家地面水质标准(GB 3838—88)中所列3类标准;土壤评价采用该土壤类型背景值(详见中国环境监测总站编《中国土壤环境背景值》)的算术平均值加两倍标准差。AA级绿色食品产地的各项环境监测数据均不得超过有关标准。

(2) A级绿色食品环境质量标准。A级绿色食品的环境质量评价标准与AA级绿色食品相同,但其评价方法采用综合污染指数法,绿色食品产地的大气、土壤和水等各项环境监测指标的综合污染指数均不得超过1。

2. 绿色食品生产技术标准

绿色食品生产过程的控制是绿色食品质量控制的关键环节。绿色食品生产技术标准是绿色食品标准体系的核心,它包括绿色食品生产资料使用准则和绿色食品生产技术操作规程两部分。

绿色食品生产资料使用准则是对绿色食品过程中物质投入的一个原则性规定,它包括生产绿色食品的农药、肥料、食品添加剂、饲料添加剂、兽药和水产养殖药的使用准则,对允许、限制和禁止使用的生产资料及其使用方法、使用剂量、使用次数和休药期等作出了明确的规定。

绿色食品生产技术操作规程是以上述准则为依据,按作物种类、畜牧种类和不同农业区域的生产特性分别制定的,用于指导绿色食品生产活动,规范绿色食品生产技术的技术规定,包括农产品种植、畜禽饲养、水产养殖和食品加工等技术操作规程。

(1) AA级绿色食品生产技术标准。AA级绿色食品在生产过程中禁止使用任何有害化学合成肥料、化学农药及化学合成食品添加剂。其评价标准采用《绿色食品添加剂使用准则》(NY/T 392—2000)、《生产绿色食品的农药使用准则》(NY/T 393—2000)、《生产绿色食品的肥料使用准则》(NY/T394—2000)及有关地区的《绿色食品生产操作规程》的相应条款。

(2) A级绿色食品生产技术标准。A级绿色食品在生产过程中允许限量使用限定的化学合成物质,其评价标准采用《绿色食品添加剂使用准则》(NY/T 392—2000)、《生产绿色食品的农药使用准则》(NY/T393—2000)、《生产绿色食品的肥料使用准则》(NY/T 394—2000)及有关地区的《绿色食品生产操作规程》的相应条款。

3. 绿色食品产品标准

绿色食品规定了食品的外观品质、营养品质和卫生品质等内容,但其卫生品质要求高于国家现行标准,主要表现在对农药残留和重金属的检测项目种类多、指标严。绿色食品安全卫生标准主要包括六六六、DDT、敌敌畏、乐果、对硫磷、马拉硫磷、杀螟硫磷、倍硫磷等有机农药和砷、汞、铅、镉、铬、铜、锡、锰等有害金属、添加剂以及细菌三项指标,有些还增设了黄曲霉毒素、硝酸盐、亚硝酸盐、溶剂残留、兽药残留等检测项目。绿色食品加工的主要原料必须是来自绿色食品产地的、按绿色食品生产技术操作规程生产出来的产品。绿色食品产品标准反映了绿色食品生产、管理和质量控制的先进水平,突出了绿色食品产品无污染、安全的卫生品质。

(1) AA级绿色食品产品标准。AA级绿色食品中各种化学合成农药及合成食品添加剂均不得检出,其他指标应达到农业部A级绿色食品产品行业标准(NY/T 268—95至NY/T 292—95和

NY/T 418 至 NY/T437）。

（2）A级绿色食品产品标准。采用农业部A级绿色食品产品行业标准（NY/T 268—95 至 NY/T 292—95 和 NY/T 418 至 NY/T 437）。

4. 绿色食品包装、储藏运输标准

包装标准规定了进行绿色食品产品包装时应遵循的原则，包装材料选用的范围、种类、包装上的标示内容等。要求产品包装从原料、产品制造、使用、回收和废弃的整个过程都应有利于食品安全和环境保护，包括包装材料的安全、牢固性，节省资源、能源，减少或避免废弃物产生，易回收循环利用，可降解等具体要求和内容。

标签标准，除要求符合国家《预包装食品标签通则》外，还要求符合《中国绿色食品商标标志设计使用规范手册》规定，该《手册》对绿色食品的标准图形、标准字形、图形和字体的规范组合、标准色、广告用语以及在产品包装标签上的规范应用均作了具体规定。

储藏运输标准对绿色食品储运的条件、方法、时间作出规定。以保证绿色食品在储运过程中不遭受污染、不改变品质，并有利于环保、节能。

（二）绿色食品认证

绿色食品认证由中国绿色食品发展中心开展。中国绿色食品发展中心成立于1992年，是负责全国绿色食品开发和管理工作的专门机构，隶属农业部，与农业部绿色食品管理办公室合署办公。内设：综合处、标志管理处、认证处、科技与标准处、计划财务处、国际合作处等部门。在全国组建设立了42个地方绿色食品管理机构，定点委托了38个绿色食品产品质量检测机构，71个绿色食品产地环境监测机构。

申请人必须是企业法人，社会团体、民间组织、政府和行政机构等不可作为绿色食品的申请人。同时,还要求申请人具备以下条件:具备绿色食品生产的环境条件和技术条件;生产具备一定规模,具有较完善的质量管理体系和较强的抗风险能力;加工企业须生产经营一年以上方可受理申请。有下列情况之一者,不能作为申请人:与中心和省绿办有经济或其他利益关系的;可能引致消费者对产品来源产生误解或不信任的,如批发市场、粮库等;纯属商业性的企业(如百货大楼、超市等)。

申请认证产品条件:按国家商标类别划分的第5类、第29类、第30类、第31类、第32类、第33类中的大多数产品均可申请认证;以"食"或"健"字登记的新开发产品可以申请认证;经卫生部公告既是药品也是食品的产品可以申请认证;暂不受理油炸方便面、叶菜类酱菜(盐渍品)、火腿肠及作用机理不甚清楚的产品(如减肥茶)的申请;绿色食品拒绝转基因技术。由转基因原料生产(饲养)加工的任何产品均不受理。

绿色食品认证的程序:企业提交申请和相关材料,经过文审(必要时省绿色食品办公室到现场指导)、现场检查,同时,安排环境质量现状调查和产品抽样,检查结果、环境检测和产品检测报告汇总后,合格者颁发证书。证书有效期是3年。具体认证程序如下。

1. 认证申请

申请人填写并向所在省绿色食品办公室(简称省绿办,下同)递交《绿色食品标志使用申请书》《企业及生产隋况调查表》及材料:保证执行绿色食品标准和规范的声明、生产操作规程(种植规程、养殖规程、加工规程)、公司对"基地+农户"的质量控制体系(包括合同、基地图、基地和农户清单、管理制度)、产品执行标准、产品注册商标文本(复印件)、企业营业执照(复印件)、企业质量管理手册、要求提供的其他材料(通过体系认证的,附证书复印件)。

2. 受理及文审

省绿办收到上述申请材料后，进行登记、编号，5个工作日内完成对申请认证材料的审查工作，并向申请人发出《文审意见通知单》，同时抄送中心认证处。申请认证材料不齐全的，要求申请人在收到《文审意见通知单》后10个工作日提交补充材料。申请认证材料不合格的，通知申请人本生长周期不再受理其申请。

3. 现场检查、产品抽样

省绿办应在《文审意见通知单》中明确现场检查计划，并在计划得到申请人确认后委派2名或2名以上检查员进行现场检查。检查员根据《绿色食品检查员工作手册》（试行）和《绿色食品产地环境质量现状调查技术规范》（试行）中规定的有关项目进行逐项检查。现场检查和环境质量现状调查工作在5个工作日内完成，完成后5个工作日内向省绿办递交现场检查评估报告和环境质量现状调查报告及有关调查资料。现场检查合格，可以安排产品抽样，现场检查不合格，不安排产品抽样。

4. 环境监测

绿色食品产地环境质量现状调查由检查员在现场检查时同步完成。经调查确认，产地环境质量符合《绿色食品产地环境质量现状调查技术规范》规定的免测条件，免做环境监测。根据《绿色食品产地环境质量现状调查技术规范》的有关规定，经调查确认，必须进行环境监测的，省绿办自收到调查报告2个工作日内以书面形式通知绿色食品定点环境监测机构进行环境监测，同时，将通知单抄送中心认证处。定点环境监测机构收到通知单后，在40个工作日内出具环境监测报告，连同填写的《绿色食品环境监测情况表》，直接报送中心认证处，同时，抄送省绿办。

5. 产品检测

绿色食品定点产品监测机构自收到样品、产品执行标准、《绿色食品产品抽样单》、检测费后，20个工作日内完成检测工作，出具产品检测报告，连同填写的《绿色食品产品检测情况表》，报送中心认证处，同时，抄送省绿办。

6. 认证审核

省绿办收到检查员现场检查评估报告和环境质量现状调查报告后，3个工作日内签署审查意见，并将认证申请材料、检查员现场检查评估报告、环境质量现状调查报告及《省绿办绿色食品认证情况表》等材料报送中心认证处。中心认证处收到省绿办报送材料、环境监测报告、产品检测报告及申请人直接寄送的《申请绿色食品认证基本情况调查表》后，进行登记、编号，在确认收到最后一份材料后2个工作日内下发受理通知书，书面通知申请人，并抄送省绿办。中心认证处组织审查人员及有关专家对上述材料进行审核，20个工作日内作出审核结论。审核结论为"有疑问，需现场检查"的，中心认证处在2个工作日内完成现场检查计划，书面通知申请人，并抄送省绿办。得到申请认证后，5个工作日内派检查员再次进行现场检查。审核结论为"材料不完整或需要补充说明"的，中心认证处向申请人发送《绿色食品认证审核通知单》，同时，抄送省绿办。申请人需在20个工作日内将补充材料报送中心认证处，并抄送省绿办。审核结论为"合格"或"不合格"的，中心认证处将认证材料、认证审核意见报送至绿色食品评审委员会。

7. 认证评审

绿色食品评审委员会自收到认证材料、认证处审核意见后10个工作日内进行全面评审，并作出认证终审认证。结论为"认证不合格"，评审委员会秘书处在作出终审结论2个工作日内，将《认证结论通知单》发送给申请人，并抄送省绿办。本生长周期不再受理其申请。

8. 颁证

中心在5个工作日内将办证的有关文件寄送给"认证合格"的申请人，并抄送省绿办。申请人在60个工作日内与中心签订《绿色食品标志商标使用许可合同》。

(三) 绿色食品标志及管理

1. 绿色食品标志的基本图案

绿色食品标志用特定图形来表示。绿色食品标志图形由三部分构成：上方的太阳、下方的叶片和中心的蓓蕾，分别代表了生态环境、植物生长和生命的希望。标志图形为正圆形，意味着保护、安全。整个图形描绘了一幅明媚阳光照耀下的和谐生机，告诉人们绿色食品是出自纯净、良好生态环境的安全、无污染食品，能给人们带来无限的生命力。绿色食品标志还提醒人们要保护环境和防止污染，通过协调人与环境的关系，创造自然界新的和谐。

2. 标志管理

绿色食品标志作为特定的产品质量证明商标，已由中国绿色食品发展中心在国家工商行政管理局注册，使绿色食品标志商标专用权受《中华人民共和国商品法》保护，这样既有利于约束和规范企业的经济行为，又有利于保护广大消费者的利益。获得绿色食品标志使用权的产品在使用时，须严格按照《绿色食品标志设计标准手册》的规范要求正确设计，并在中国绿色食品发展中心认定的单位印制。使用绿色食品标志的单位和个人须严格履行"绿色食品标志使用协议"。

中国绿色食品发展中心开展绿色食品认证和绿色食品标志许可工作，可收取绿色食品认证费和标志使用费。绿色食品认证费由申请获得绿色食品标志使用许可的企业在申请时缴纳，具体收费标准按有关规定执行。绿色食品标志使用费由获得绿色食品标志使用许可的企业在每个绿色食品使用年度开始前缴纳,标志使用权有效期3年。收取认证费和标志使用费的有关事项,应在《绿色食品标志商标使用许可合同》中依照本办法的有关规定予以约定。未按规定缴纳认证费或标志使用费的,中国绿色食品发展中心可以对其作出不予或终止绿色食品标志使用许可的处理。

三、有机产品的认证

有机产品是根据有机农业原则,生产过程绝对禁止使用人工合成的农药、化肥、色素生长调节剂和畜禽饲料添加剂等化学物质和采用对环境无害的方式生产、销售过程受专业认证机构全程监控,通过独立认证机构认证并颁发证书,销售总量受控制的一类真正纯天然、高品质、无污染、安全的健康食品。有机农产品是国际上通行的环保生态食品,已成为发达国家的消费主流。

(一)有机产品标准

中国国家环境保护总局有机食品发展中心(OFDC)根据国际有机农业运动联合会有关有机农业和食品加工的基本标准,参考国际有机作物促进会及其他国家的有机农业和食品生产、加工标准,结合中国国情制定了《有机(天然)食品生产和加工技术规范》。它是有机食品生产加工、储运和检测的主要参考标准,也是OFDC颁证的重要依据。本规范共分8个部分,即有机农业生产的环境;有机(天然)农产品生产技术规范;有机农业转变技术规范;有机(天然)食品加工技术规范;有机(天然)食品储藏技术规范;有机(天然)食品运输技术规范;有机(天然)食品销售技术规范;有机(天然)食品检测技术规范。

(二)有机产品认证

根据国家质检总局2004年颁布的《有机产品认证管理办法》规定:有机产品认证机构应当依法设立,具有《中华人民共和国认证认可条例》规定的基础条件和从事有机产品认证的技术能力，并取得国家认监委确定的认可机构（以下简称"认可机构"）的认可后，方可从事有机产品认证活动。到2009年年底，经国家认监委认可的专职或兼职有机认证机构总共包括杭州万泰认证有限公司、北京中绿华夏有机食品认证中心、中国质量认证中心等32家。同时，《有机产品认证管理办法》还规定：国家制定统一的有机产品认证基本规范、规则，统一的合格评定程序、统一的标准、统一的标志。国家认证认可监督管理委员会颁布的《有机产品认证实施规则》（2005年）、中国合格评定国家认可委员会颁布的《实施有机产品认证的认证机构认可方案》（2009年）均有对有机产品的认证活动的相关规定。

中国有机食品发展中心（OFDC）主要负责有机食品标志管理和有机食品标志、有机食品证书的审批和管理，监督标志的使用，定期向社会公布授予有机食品标志的食品目录。有机证书的有效期是1年。

申请人/生产者符合下列条件之一，予以批准认证：生产活动及管理体系符合认证标准的要求；生产活动、管理体系及其他相关信息不完全符合认证标准的要求，认证机构提出的整改要求，申请人已经在规定的期限内完成整改；已经提交整改措施并有能力在规定的期限内完成整改以满足认证要求的，认证机构经过验证后可批准认证。申请人/生产者的生产活动存在以下情况之一，不予批准认证：未建立管理体系或建立的管理体系未有效实施；使用禁用物质；生产过程不具有可追溯性；未按照认证机构规定的时间完成整改或提交整改措施；所提交的整改措施未满足认证要求；其他严重不符合有机标准要求的事项。有机食品具体认证程序如下。

1. 申请

申请人向有机认证机构提交《有机食品认证申请书》《有机

食品认证调查表》以及《有机食品认证书面资料清单》要求的文件，并按要求准备相关材料。申请人按《有机产品》国家标准第四部分的要求，建立本企业的质量管理体系、质量保证体系的技术措施和质量信息追踪及处理体系。

2. 文件审核

有机认证机构对申报材料进行文件审核。审核合格，有机认证机构向企业寄发《受理通知书》《有机食品认证检查合同》。审核不合格，认证中心通知申请人且当年不再受理其申请。根据《检查合同》的要求，申请人交纳相关费用，以保证认证前期工作的正常开展。

3. 实地检查

有机认证机构派出有资质的检查员。对申请人的质量管理体系、生产过程控制体系、追踪体系以及产地、生产、加工、储存、运输、贸易等进行实地检查评估。必要时，检查员需对土壤、产品抽样，由申请人将样品送交指定的质检机构检测。

4. 编写检查报告

检查员完成检查后，按有机认证机构要求编写检查报告。检查员在检查完成后2周内将检查报告送达有机认证机构。

5. 综合审查评估意见

有机认证机构根据申请人提供的申请表、调查表等相关材料以及检查员的检查报告和检验报告等进行综合审查评估，编制颁证评估表，提出评估意见并报送技术委员会审议。

6. 颁证决定

认证决定人员对申请人的基本情况调查表、检查员的检查报告和有机认证机构的评估意见等材料进行全面审查，作出同意颁证、有条件颁证、有机转换颁证或拒绝颁证的决定。证书有效期为1年。

7. 有机食品标志的使用

根据证书和《有机食品标志使用管理规则》的要求，签订《有机食品标志使用许可合同》，并办理有机食品商标的使用手续。

8. 保持认证

（1）有机食品认证证书有效期为 1 年，在新的年度里，有机认证机构会向获证企业发出《保持认证通知》。

（2）获证企业在收到《保证认证通知》后，应按照要求提交认证材料、与联系人沟通确定实地检查时间并及时缴纳相关费用。

（3）保持认证的文件审核、实地检查、综合评审、颁证决定的程序同初次认证。

（三）有机产品标志及管理

1. 标志基本图案

有机食品标志采用人手和绿叶为创意元素。从中可以感觉到两种景象：其一是一只手向上持着一片绿叶，寓意人类对自然和生命的渴望；其二是两只手一上一下握在一起，将绿叶拟人化为自然的手，寓意人类的生存离不开大自然的呵护，人与自然需要和谐美好的生存关系。有机食品概念的提出正是这个理念的实际应用。人类的食物从自然中获取，人类的活动应尊重自然规律，这样才能创造一个良好的可持续发展空间。

2. 标志管理

有机食品标志申请人向 OFDC 提交《有机（天然）食品标志申请表》，OFDC 按《有机（天然）食品生产和加工技术规范》进行审查和认证，符合规范要求者，由 OFIX 颁布《有机（天然）食品证书》，并允许使用有机（天然）食品标志。有机食品标志有效期为 1 年，若继续使用，需再次申请。

第三节 农产品地理标志登记

农产品地理标志是指标示农产品来源于特定地域,产品品质和相关特征主要取决于自然生态环境和历史人文因素,并以地域名称冠名的特有农产品标志。

农业部于 2007 年 12 月发布了《农产品地理标志管理办法》,农业部负责全国产品地理标志的登记工作,农业部农产品质量安全中心负责农产品地理标志登记的审查和专家评审工作。省级人民政府农业行政主管部门负责本行政区域内农产品地理标志登记申请的受理和初审工作。农业部设立的农产品地理标志登记专家评审委员会负责专家评审。农产品地理标志登记专家评审委员会由种植业、畜牧业、渔业和农产品质量安全等方面的专家组成。

一、基本要求

1. 申请地理标志登记的农产品

申请地理标志登记的农产品应当符合下列条件：称谓由地理区域名称和农产品通用名称构成；产品有独特的品质特性或者特定的生产方式；产品品质和特色主要取决于独特的自然生态环境和人文历史因素；产品有限定的生产区域范围；产地环境、产品质量符合国家强制性技术规范要求。

2. 农产品地理标志登记申请人

农产品地理标志登记申请人为县级以上地方人民政府，根据下列条件择优确定农民专业合作经济、行业协会等组织。

（1）具有监督和管理农产品地理标志及其产品的能力。

（2）具有为地理标志农产品生产、加工、营销提供指导服务的能力。

（3）具有独立承担民事责任的能力。

二、登记管理

1. 申请材料

符合农产品地理标志登记条件的申请人，可以向省级人民政府农业行政主管部门提出登记申请，并提交下列申请材料：登记申请书；申请人资质证明；产品典型特征特性描述和相应产品品质鉴定报告；产地环境条件、生产技术规范和产品质量安全技术规范；地域范围确定性文件和生产地域分布图；产品实物样品或者样品图片；其他必要的说明性或者证明性材料。

2. 审查

省级人民政府农业行政主管部门自受理农产品地理标志登记申请之日起，应当在45个工作日内完成申请材料的初审和现场核查，并提出初审意见。符合条件的，将申请材料和初审意见报送农业部农产品质量安全中心；不符合条件的，应当在提出初审意见之日起10个工作日内将相关意见和建议通知申请人。

农业部农产品质量安全中心应当自收到申请材料和初审意见之日起20个工作日内，对申请材料进行审查，提出审查意见，并组织专家评审。经专家评审通过的，由农业部农产品质量安全中心代表农业部向社会公示。有关单位和个人有异议的，应当自公示截止日起20日内向农业部农产品质量安全中心提出。公示无异议的，由农业部作出登记决定并公告，颁发《中华人民共和国产品地理标志登记证书》，公布登记产品相关技术规范和标准。专家评审没有通过的，由农业部作出不予登记的决定，书面通知，并说明理由。

3. 证书使用

农产品地理标志登记证书长期有效。有下列情形之一的，登记证书持有人应当按照规定程序提出变更申请：一是登记证书持有人或者法定代表人发生变化的；二是地域范围或者相应自然生态环境发生变化的。

三、标志及使用

1. 标志申请

符合下列条件的单位和个人，可以向登记证书持有人申请使用农产品地理标志。

（1）生产的农产品产自登记确定的地域或范围；

（2）已取得登记农产品相关的生产经营资质；

（3）能够严格按照规定的质量技术规范组织开展生产经营活动；

（4）具有地理标志农产品市场开发经营能力。

2. 使用

使用农产品地理标志，应当按照生产经营年度与登记证书持有人签订农产品地理标志使用协议,在协议中载明使用的数量、范围及相关的责任义务。农产品地理标志登记证书持有人不得向农产品地理标志使用人收取使用费。

3. 农产品地理标志使用人享有以下权利

（1）可以在产品及其包装上使用农产品地理标志；

（2）可以使用登记的农产品地理标志进行宣传和参加展览、展示及展销。

4. 农产品地理标志使用人应当履行以下义务

（1）自觉接受登记证书持有人的监督检查；

（2）保证地理标志农产品的品质和信誉；

（3）正确规范地使用农产品地理标志。

5. 监督管理

县级以上人民政府农业行政主管部门应当加强农产品地理标志监督管理工作,定期对登记的地理标志农产品的地域范围、标志使用等进行监督检查。

登记的地理标志农产品或登记证书持有人不符合规定的,由农业部注销其地理标志登记证书并对外公告。

第四节 农产品质量安全追溯

可追溯性标签记载了农产品的可读性标识,通过标签中的编码可方便到农产品数据库中查找有关农产品的详细信息。通过可追溯性标签也可帮助企业确定产品的流向,便于对产品进行追踪和管理。

一、电子式追溯管理

电子式追溯管理是以电子化信息为手段、检测合格为控制点、追溯码贯穿始终的农产品质量安全追溯管理体系,实现农产品质量电子信息的正向监控与逆向追溯,这也是具有杭州特色的追溯管理体系的重要组成部分。这种方法适用于散装的农产品,如蔬菜、水果、水产品、畜产品和茶叶等,可采用二维码(一维码)信息进行追溯,也可采用芯片信息进行追溯。

采用二维码(一维码)信息进行追溯,各地有不同的软件设计和应用,消费者可以利用自己的手机或 ATM 机或计算机查询。可分为 3 种类型:采用计算机跟踪追溯、采用耳标信息追溯和采用防伪标志进行追溯。

二、书写式追溯管理

利用纸质材料,用手工书写的方式传递产品信息,实现可追溯。这种方法是在没有电脑或电子信息系统的情况下使用,其优点是简便,缺点是纸质材料易破损甚至字迹不清。

首先,实行产地证明制度。产品出场有产地证明,写明业主、产地、产品合格性、出品时间、销售去向等可追溯信息。一般情况下,产地准出证明由生产者出具。

其次,在此基础上,实行"一票通"管理。产品进入市场后,经营者按产地证明信息书写"三联单",产品在流通过程中,"三联单"跟随,直到消费者实现追溯管理的基础是生产领域控制好农产品质量安全信息。

三、包装式追溯管理

包装式追溯是指具有追溯功能的包装,即对每一个产品的外包装进行标记,且每一个产品标识都是唯一的,使标记和被追溯对象有一一对应关系,使用包装式追溯具有以下优点。

(1)可追溯性包装能够识别直接供方的进料和终产品的分销途径。

(2)可追溯性包装具有唯一标识,其产品的个体和批次标识都就有唯一性。

（3）通过可追溯性包装上的标识，可以了解到产品或者厂家相关信息，如地址、联系电话等。

（4）企业可以通过可追溯性包装来加强对分销商的控制，有利于防伪防窜货。

四、农产品质量安全的追溯管理要求

1. 生产环节的控制要求

（1）投入品记录。农产品生产过程的苗种、饲料、肥料、药物等投入品，在进货时，应收集进货票据，并进行登记。

（2）生产者建档。农产品生产者按"一场一档"的要求建立生产者档案。农业生产的管理部门应建立农产品生产基地和企业的档案，进行信息登记，并向登记的生产者发放"农产品产地标志卡"，内容应包括唯一性编号、基地名称或代号等信息。

（3）生产过程记录。种植过程记录内容包括种植的产品名称、数量、生产起始的时间、使用农药化肥的记录、产品检测记录。养殖过程记录包括养殖种类和品种、饲料和饲料添加剂、兽（鱼）药、防疫、病死情况、出场（栏）日期、各类检测等记录。

（4）销售记录。农产品从生产到流通领域时，农产品生产者做好销售记录。内容包括销售产品的名称、数量、日期、销售去向、相关质量状况等。

2. 从生产到流通的对接要求

生产领域的农产品进入流通领域时，应向流通领域提供相关农产品产地标识卡、产地证明或质量合格证明等；交易时应向采购方提供交易信息票据，内容应包括品名、数量、交易日期、供应者登记号等信息。

3. 农产品质量安全追溯管理各相关方职责

农产品生产企业是生产领域质量安全追溯管理第一责任人，进行生产质量安全的控制、农产品溯源台账的建立和管理等工作；农产品生产的管理部门负责组织生产领域农产品质量安全相关的培训、宣传；建立生产基地台账，发放相关产品产地标志。

4. 实行严格的产品质量控制制度

一是农产品出场时，生产者应进行农药残留或感官的自检；农业管理部门按监督检测制度实施农产品的抽查、检测，并公布检测结果。

二是生产者发现产品不合格时，应及时采取措施，不得将不合格产品流通销售。当销售到流通环节的农产品被确认有安全问题时，生产者应做好追溯、召回工作。

三是农业生产的管理部门应督促进行质量安全的追溯，当不合格农产品已进入流通领域，要求生产企业召回不合格产品，按溯源流程进行不合格产品的追溯。

第八章 农产品品牌建设

第一节 农产品品牌概述

一、品牌的概念

品牌是制造商或经销商附加在商品上的识别标志。它由名称、名词、符号、象征、设计或它们的组合构成。品牌具有识别某个销售者或某群销售者的产品或劳务，并使之同竞争对手的产品和劳务区别开来的功能；品牌注册后形成商标，即获得法律保护拥有其专用权。一个著名品牌也是品质优异的体现，是一种精神象征，代表经营者价值理念。品牌的培养是一个长期的过程，也是不断创新的过程，品牌是给拥有者带来溢价，是商品增值的源泉，在激烈竞争的市场经济环境下，加强品牌建设与管理是一项战略性工作，是立于不败之地基础工程。

二、农产品品牌

农产品品牌是农产品经营者根据市场需求与当地资源以及产品特性，给自己的农产品命名的称谓，并配有相应的标志，是农产品之间相互区别的符号。农产品品牌创建是指农产品经营者根据市场需求与当地资源以及产品特性，给自己的产品设计一个富有个性化的品牌，并取得商标权，实行农业产业化经营，使品牌在经营过程中不断得到消费者的认可，树立品牌形象，扩大市场占有率，实现经营目标的一系列活动。在人们生活水平日益提高的现代社会，人们购买农产品的动机呈现多样性，越来越依赖品牌辨别和选择农产品或服务，乃至借助于品牌表达自己的喜好，满足心理需求，体现自己的消费观念。而品牌创建者则希望借助于品牌影响力，传递品质承诺、价值理念、情感诉求等多重信息，满足目标市场消费者的喜好，赢得顾客的信赖和忠诚度，以谋求巩固和扩大市场占有率。为此强化农产品品牌创建与管理的是农产品市场供求双方的共同需要，也是社会主义市场经济发展的根本要求。

三、农产品品牌建设的作用

1. 创建农产品品牌是农业产业化经营的必然要求

现代农业产业化有多种实现模式，但基本的要求是实现农业的产加销、贸工农一体化，通过延伸产业链和规模化经营、标准化生产实现农业增效，提高农业的技术装备和科技水平。在推进农业产业化经营的过程中，加强农产品品牌创建是一项不可或缺的战略任务。实施农产品品牌战略，不仅有助于提高生产经营者的管理素质和技术素质，加快技术进步，有助于优化农业资源配置，促进产业结构优化，还可以农产品品牌建设为突破口，改革传统生产方式和管理手段，合理利用和保护农业资源，实现发展经济、保护环境的可持续发展目标。

2. 品牌化经营是农业产业化龙头企业做大做强的基础

现代农业产业化的发展主要依赖农业龙头企业的带动作用，而品牌化经营是农业龙头企业做强做大的前提条件。第一，农业龙头企业必须创建自己的品牌，并逐步塑造品牌的形象，才能赢得消费者的信任，打动消费者的购买情感，才能有稳定的市场，并逐步扩大市场占有率。第二，创建农产品品牌必然以农产品"质量"为核心，按照品牌的质量标准组织生产、优化品种、提高质量、精深加工、精美包装,从而能树立品牌形象和信誉。第三,农产品品牌化经营的目标是提高农产品的附加值,而且品牌的价值就在于它可以稳定商品的市场价位和创造新的价值。实行品牌化经营可以使现代农业产业化项目的经济效益稳步上升,资产不断升值。

3. 农产品品牌化有助于增强现代农业产业化项目市场竞争力

随着我国进入中等发达国家的行列,人们的购买力水平大幅提升,消费者开始逐渐青睐品牌农产品,农产品销售的竞争将进入"品牌时代"。实施农产品品牌战略,不仅可以通过农产品的整体品牌形象,充分展示农产品的特色,扩大农产品的销量,走"以质量求生存,靠品牌抢市场"的发展之路。同时,品牌农产品以企业信誉作担保,以品牌作为质量标志,给消费者提供品质上的保证,降低消费者的购买风险。此外,品牌可以作为质量之外的风味、口感等指标的选择标准,增加产品的顾客让渡价值,培养大批忠于品牌的消费者。通过品牌建设赢得购买者的信赖,赢得市场,可以让农业产业化项目具有立于不败的市场竞争力。

4. 农产品品牌化有助于农业增效和保障农民收入

促进农业增效和农民增收是推进农业产业化经营的主要目的。农业产业化的实践证明,农产品品牌建设是实现农业增效和农民增收的长久之计。一方面,产业化农产品以品牌的鲜明特征进入市场,有利于建立长期稳定的销售渠道和网络,并建立有效的市场沟通协调机制,不仅能使农产品生产者与农产品市场保持较快的信息沟通,以适应市场的变化,而且长期稳定的销售渠道和网络有助于保持农产品销售量的稳定,还可以发展订单式农产品,有效规避农产品的市场风险;另一方面,农产品常常因为供求关系的周期性变化,导致价格的大起大落,出现增产不增收的现象,而品牌农产品可以在一定程度上抵御这种市场风险,防止农产品价格出现大幅波动，保持农产品价格的基本稳定。此外，品牌农产品具有更高的附加值和溢出效益，有利于实现农业企业增效和保障农民增收。

现代农业产业化、品牌化经营是农业企业化、规模化和集约化经营，通过农业产业化龙头企业的带动，实行一村一品，一乡一业的专业化生产、规模经营、区域化布局、社会化服务，采取贸、工、农相衔接，种养相协调，产供销一条龙经营模式，形成龙头企业带基地、带农户的经营管理体制和运行机制，形成大市场、大流通和大产业的现代农业产业化布局。农业产业化+农产品品牌化，可以让农产品外具形象，内具质量，形成拳头产品，立于市场不败之地，使农业经营者获得长期稳定的收益，不断促进农业的扩大再生产。

第二节 农产品品牌建设存在的问题及对策

一、农产品品牌建设问题

1. 农产品品牌意识淡薄

我国各地农产品丰富，具有地方特色的名、优、特农产品和"老字号"农产品数量众多，但许多农产品的生产者品牌意识不强，甚至没有品牌意识，没有意识到这些传统优势农产品所蕴含的巨大经济潜力，没有认清品牌在提升农产品档次、提高市场竞争力和市场价值的巨大作用，没有把品牌看做是影响自身长期发展的资源，认为品名、商标、标志等品牌要素是外在形式，没有意识到品牌是生产者和产品走向广阔市场和获得消费者广泛认知的通行证，以致诸多名、优、特农产品尚无品牌，在市场上没有"名分"，与一些不同品质的农产品在市场上鱼目混珠，丧失市场销售的优势定位。

2. 对农产品品牌的内涵建设重视不够

我国地域辽阔，自然条件、自然资源差别较大，形成农产品的形态、营养成分、口感的区域差异，这些差异实际上是农产品不可多得的品种资源。而且前一些农产品生产者在农业发展项目中没有很好地依托区域优势资源，发展特色地区农业。在创建农产品品牌时，没有注入地方特色品种和产业文化，丰富农产品的文化底蕴，忽视了农产品品牌文化内涵的研究挖掘和建设深化。

3. 品牌营销手段缺乏

我国农产品品牌的营销手段与国外农产品品牌的营销手段有较大差距。品牌所有者的品牌营销意识淡薄、手段缺乏，导致品牌的认知度低，销售增值乏力，品牌价值提升的空间有限，在激烈的市场竞争中很容易被竞争对抢占先机。

品牌营销的手段多种多样的，一个成熟的品牌，必定是公关、事件、媒体等多种营销方法的集合。以综合运用产品的独特设计、广告的新颖创新、媒体的恰当传播、最佳的投入时机、个性化的包装装潢，形成强有力的品牌营销组合手段，不断塑造品牌的活力，让品牌能跨越生命周期永葆青春。品牌承载着消费者的心理认同与归属，以品牌营销为基础形成的市场知名度和美誉度，是产品和消费者之间沟通的桥梁，是抢占更多市场份额，实现销售持续增长的独门武器。

4. 农产品品牌质量和信任度不高

质量是产品的生命线，农产品也不例外。产品质量是树立农产品品牌形象的根基，是赢得消费者信任主要原因，这2个因素直接影响和决定着重复购买行为，影响着品牌的认知和传播。而目前，有些农产品的质量与品牌质量不相符合，参差不齐，品质的稳定性较差，导致消费者对品牌标志的真伪以及是否符合质量安全标准产生怀疑，降低了消费者对品牌的信任。

5. 政府对农产品品牌的引导和扶持政策落实不够

许多地方政府对农产品品牌建设给予了高度关注，制定了一些地方性的政策和指导性意见，但有些措施没有落到实处，农产品品牌建设缺少专业人才，缺少专业化的社会服务组织，没有加强这方面的专业培训，导致品牌建设在品牌策划、品牌推广等方面的问题，而政府和相关职能机构在这些方面存在缺位现象，引导的作用没有发挥，扶持政策具体落实不够。

二、加强农产品品牌建设的对策

当前，我国农业产业化正处在加速发展的进程中，在市场竞争日益加剧的现实背景下，实施农产品品牌战略是农业企业和生产者的现实选择。现针对目前农产品品牌建设中存在的一些典型问题，提出以下对策和措施。

1. 强化品牌意识，找准品牌定位

品牌是商品及其生产者或者经营者的标志和形象信誉的表现。农业产业化龙头企业必须强化品牌意识，充分认识到品牌在市场竞争和企业发展中的巨大作用。树立强烈的品牌意识是实施品牌战略的基础，品牌创建的成功与否取决于企业家和管理层的品牌意识如何，决定了品牌战略的制定与实施，关系到品牌建设的力度和深度。同时，在制定品牌战略时，很关键的是要选准品牌的市场定位，从占领目标市场出发，瞄准和抓住目标市场购买者的消费心理。农业产业化龙头企业和生产者要通过分析市场消费趋势和竞争态势，选择能发挥自身优势的策略，为自己的品牌在市场上选准一个明确的、符合消费需求的、有别于竞争对手的品牌定位。

2. 依托优势资源，发展特色农业

农产品生产受到自然条件的深刻影响。由于不同地域的自然条件、优势资源和种植习惯的差异，形成了农产品的区域特色和比较优势，进而可以在市场上转化为市场优势。因此，在发展农业项目中要充分依托并整合区域优势资源，发展特色农业，培育主导产业，使其形成规模和特殊品质；在创建农产品品牌时，也要挖掘利用好地方的历史、文化、人文等资源，把地方特色文化元素注入其中，丰富农产品的文化底蕴，提升品牌的文化品位，使消费者在获得物质享受的同时，也获得精神文化上的享受。

3. 融合农产品销售渠道和品牌传播渠道

品牌影响力的扩大与和产品销售在方向、目标、渠道等方面存在着高度的一致性。为此，要积极探索农产品销售渠道和品牌传播渠道的融合，不断创新的农产品分销传播渠道，进一步拓展"农—超"对接、直销专卖、订单营销、网络营销、农产品会展、观光农业和知识营销等渠道，扩张农产品品牌传播空间。要迎合网络直销的发展趋势，建设好网上销售平台，减少农产品的中间流通环节，提高流通效率，降低流通成本，形成价格优势。使农产品以较快的流通速度和具有优势的价格直接呈现给广大的消费者，更快更有针对性地把农产品及其品牌信息广泛地传播。同时，要加强农产品的质量管理和物流管理，保证农产品的质量安全，保障产品的及时供应，保护品牌好的声誉。

4. 建设好品牌农产品的质量标准体系

建设好品牌农产品的质量标准体系，有利于加强品牌农产品的质量管理，保障农产品的质量、档次和安全性，从而获得较高的品牌知名度和美誉度，提高品牌农产品的社会信任度。建立品牌农产品质量标准体系，就是以质量为中心，以市场为导向，以科技为动力，以生产为基础，以农产品的等级制度为重点，建立农产品生产、加工、贮藏、销售全过程及生产作业环境和安全控制等方面的标准体系，把农业生产的产前、产中、产后各环节纳入标准化管理，逐步形成与行业、国家、国际相配套的标准体系。农业产业化龙头企业应当树立强烈的质量意识，把品牌建设与质量标准管理结合起来,严格按照质量标准体系管理整个产业链,从根本上保证农产品的质量和安全,赢得消费者的信赖。

5. 加强政府引导,落实好扶持政策

政府部门要积极介入当地农产品的品牌建设,作为惠农、强农的具体措施,采取政策鼓励、宣传倡导、财政补贴、产品评比等方式营造良好的品牌建设氛围。与此同时,政府还应在管辖区域内,积极传递市场信息,整合传播媒体资源,协助农业龙头企业或农业经营主体进行品牌宣传和公共关系活动,要积极培育能够服务品牌建设的专业化社会组织,提供品牌建设的各类专项服务,加强品牌建设专业知识培训和专家指导。除此之外,政府部门要加强农产品的安全检测,加强农产品安全质量执法的严肃性和公正性,提高农产品品牌的公信力。

第三节 农产品品牌建设手段

一、建立产品品质的差异性

1. 优化品种

不同的农产品品种,其品质有很大差异,主要表现在色泽、风味、香气、外观和口感上,这些直接影响消费者的需求偏好。不同的农产品品种,决定了不同的有机物含量及其比例(如蛋白质含量及其比例,氨基酸含量及其比例、糖类的含量及其比例)有机酸的含量及其比例,其他风味物质和营养物质的含量及其比例等。这些指标一般由专家采用感观鉴定的方法来检测;当优质品种推出后,得到广大消费者的认知,消费者就会尝试性购买;当得到认可,就会重复购买;多次重复,就会形成对品牌的忠诚。

在农产品创品牌的实际活动中,农产品品种质量的差异主要根据人们的需求和农产品满足消费者的程度，即从实用性、营养性、食用性、安全性和经济性等方面来评判。如水稻，消费者关心其口感、营养和食用安全性，水稻品种之间的品质差异越大，就越容易促使某种水稻以品牌的形式进入市场，得到消费者认可。

同时，质量是农产品的生命线，是农产品创品牌的根本。在实施农产品品牌战略过程中，按标准组织生产管理，是提高农产品质量，保证农产品安全最有效的措施和手段，是打造品牌的基石。由于很多农产品企业采用的是"公司+农户"的运营模式，虽然扩大了农产品的生产规模，但管理的不力致使农产品的质量并不稳定，造成数量与质量之间的矛盾。因此，农产品企业要坚持做到质量有标准，生产有规程，产品有标志，市场有监测。把质量管理贯穿始终，严格按照生产操作规程，认真做好农业环境质量监测、产品质量监测，规范产前、产中、产后的配套生产技术标准，制定严格的产品质量标准，稳定农产品的内在品质。

2. 优化生产区域

许多农产品种类及其品种具有生产的最佳区域。不同区域地理环境、土质、温湿度、日照等自然条件的差异，直接影响农产品品质的形成、许多农产品，即使是同一品种，在不同的区域其品质也相差很大。例如，红富士苹果，陕西省、山西省的苹果的品质优于辽宁省苹果，辽宁省苹果优于山东省苹果，山东省苹果优于黄河古道的苹果。从种类来说，东北小麦的品质优于江南小麦，新疆西瓜优于沿海西瓜。

中国地域辽阔，横跨亚热带、温带和寒带，海拔高度差异也很大，各地区已初步形成了当地的名、特、优农产品，如浙江龙井、江苏碧螺春、安徽砀山梨、山东鸭梨、四川脐橙、新疆哈密瓜、金乡大蒜等。因此，因地制宜发展当地农产品生产，大力开发当地名、优、特产品的生产，从而创立当地的名牌农产品。

3. 优化生产方式

不同的农产品生产方式直接影响农产品品质,如采用有机农业方式生产的农产品品质较差。采用受工业污染的水源灌溉严重影响农产品品质,也严重影响卫生质量。生产中采用各种不同的农业生产技术措施也直接影响产品质量,如农药选用的种类、施用量和方式,这直接决定农药残留量的大小;还有如播种时间、收获时间、灌溉、修剪、嫁接、生物激素等的应用,也会造成农产品品质的差异。

二、农产品商标注册和保护

没有品牌,特色农产品就没有市场竞争力;没有品牌,特色农产品就不能卖出好价钱。商标是农产品的一个无形资产,对提升农产品品牌效益和附加值有着不可估量的作用。

1. 农产品商标注册的意义

商标对很多人特别是农民朋友来说,也许是一个很空泛很抽象的概念。但它对农产品的实际意义和作用却非常深远。

(1) 可以促进农业产业结构调整、提高农产品的市场知名度、占有率,加快农业产业化进程,增加农民收入。

(2) 商标是商品生产者和经营者为使其产品与其他同类或相似产品相区别而附加在产品上的标记,它由文字、图形或其组合而成。

(3) 由于商标具有辨别功能、广告功能和质量标示功能,所以,商标已成为参与市场竞争的锐利武器。注册商标是农产品取得法律保护地位的唯一途径。没有法律地位的农产品终究要被他人侵蚀、淘汰。然而一旦名牌商标被他人抢注或冒用,不但商标价值大打折扣,更重要的是会损害名牌产品的形象,影响企业的声誉。因此,农产品生产企业在创立名牌的同时,应积极进行商标注册,使之得到法律的保护,获得使用品牌名称和品牌标记的专用权。

2. 申请注册商标

(1) 注册商标的途径。《中华人民共和国商标法》规定，自然人、法人或者其他组织可以申请商标注册。因此，农村承包经营户、个体工商户均可以以自己的名义申请商标注册。目前，办理各种商标注册事宜有两种途径：一是直接到商标局办理；二是委托国家认可的商标代理机构代理。

直接到商标局办理的，申请人除应按规定提交相应的文件外，还应提交经办人本人的身份证复印件；委托商标代理机构办理的，申请人除应按规定提交相应文件外，还应提交委托商标代理机构办理商标注册事宜的授权委托书。由于商标注册手续比较繁杂，加之注册时间较长，因此注册商标最好找专业的代理机构，通过专业人员指导，可以降低注册风险，提高商标注册成功率。

(2) 商标注册申请所需提交的资料。办理商标注册申请需要提交《商标注册申请书》、证明申请人身份的有效证件的复印件以及其他文件。

(3) 商标注册申请程序。先对商标进行查询，如果之前没有相同或近似的，申请人就可以制作申请文件，递交申请。申请递交后的1~3个月，商标局会发给《申请受理通知书》，此期间叫形式审查阶段。形式审查完毕后，就进入实质审查阶段，这个阶段大约需1年半的时间。如果实质审查合格，就进入公告程序；公告期满，无人提异议的，商标局就会核准注册，颁发《商标注册证》。

根据《中华人民共和国商标法》规定，注册商标的有效期为10年，自核准之日起计算。有效期期满之前6个月可以进行续展并缴纳续展费用，每次续展有效期仍为10年。续展次数不限。如果在这个期限内未提出申请的，可给予6个月的宽展期。

若宽展期内仍未提出续展注册的,商标局将其注册商标注销并予以公告。

三、宣传促进名牌形成

"好酒不怕巷子深"的时代已一去不复返,再好的商品如果不进行强有力的宣传,将难以被社会公众认知,更难成为有口皆碑的名牌。提高产品的知名度和美誉度,促进名牌的形成,可以从以下3个方面着手。

1. 选择好的广告媒体

广告是企业用来向消费者传递产品信息最主要的方式。广告需要支付费用,一般来说投入的广告费用越多,广告效果越好,要使优质农产品广为人知,加大广告宣传的投入是必要的。可利用广告媒体如报纸、杂志、广播、电视和户外路牌等来传播信息。

2. 塑造品牌形象

通过有关新闻单位或社会团体,无偿地向社会公众宣传、提供信息,从而间接地促销产品,这就是公共关系促销。公共关系促销较易获得社会及消费者的信任和认同,有利于提高产品的美誉度、扩大知名度。

3. 抬升产品价格

进口的泰国名牌大米,如金象、金兔、泰香、金帝舫等,大多包装精致。而我国许多农产品却没有包装,有些即使有包装也较粗糙,这不利于名牌的拓展。包装能够避免运输、储存过程中对产品的各种损害,保护产品质量;精美的包装还是一个优秀的"无声推销员",能引起消费者的注意,在一定程度上激起购买欲望,同时,还能够在消费者心目中树立起良好的形象,抬升产品的价格。

四、依靠科技打造品牌

科技是新时期农业和农村经济发展的重要支撑,也是农产品优质、高效的根本保证。因此,创建农产品品牌,需要在产前、产中、产后各环节全方位进行科技攻关,不断提高产品的科技含量。

1. 围绕市场需求

在农作物、畜禽、水产的优良、高效新品种选育上重点突破,促进品种更新换代,以满足消费者不断求新的需求。

2. 围绕新品种选育

做好与之配套的良种良法的研究开发与推广工作,要着力解决降低动植物产品药残问题,保证食品卫生安全,以消除进入国际市场的障碍。

3. 围绕产后的保鲜

储运、加工、包装、营销等环节,开展相应的技术攻关,加大对保鲜技术的研究,延长产品的滑喘时效,根据消费者购买力和价值取向设计开发不同档次的产品,逐步形成一个品牌、多个系列,应用现代营销手段扩大品牌知名度,培育消费群体,提高市场占有率。

4. 围绕"入世"

注重技术引进,积极引进国外新品种、新技术、新工艺,并通过技术嫁接,推动国内品牌的创建。

第九章 互联网+

第一节 互联网+概述

一、互联网+的含义

1. 互联网+的定义

互联网+是在移动互联网、大数据、云计算等环境下的一种新社会形态,充分发挥互联网在优化和集成社会资源配置中的作用,将互联网的创新成果深度融合于经济、社会各领域之中,与市场、用户、产品、技术、企业价值链乃至整个商业生态进行深度融合、重组和创新,提升全社会的创新力和生产力,形成更广泛的以互联网为基础设施和实现工具的经济发展新形态。互联网+的精髓是以用户体验为导向,由用户启动产品和技术的创新发展,并且实施快速更新换代,实现免费服务和增值服务。互联网+的重要组成部分就是满足人的各种需求,以人为本,倡导以个性化、客户需求为导向的生产经营模式。人性的光辉是推动科技进步、经济增长、社会进步、文化繁荣的最根本的力量,互联网的力量之强大最根本地也来源于对人性的最大限度的尊重、对人体验的敬畏、对人的创造性发挥的重视。

互联网+就是"互联网+各个传统行业",但这并不是简单的两者相加,而是利用信息通信技术以及互联网平台,让互联网与传统行业进行深度融合,创造新的发展生态。它代表一种新的社会形态,即充分发挥互联网在社会资源配置中的优化和集成作用,将互联网的创新成果深度融合于经济、社会各领域之中,提升全社会的创新力和生产力,形成更广泛的以互联网为基础设施和实现工具的经济发展新形态。

2. "互联网+"的几层含义

(1) 互联网思维+。"互联网+"的第一个内涵是"互联网思维+",传统企业融合"互联网+"的第一步是了解互联网,所以,了解互联网思维是一个基础的开始。什么是互联网思维?在互联网商业模式的长期发展中,很多互联网企业积累了大量的案例及数据,足以让他们总结出一套适合自身发展的方法论,这个方法论就可以看作互联网思维。互联网思维是互联网企业总结出来的,更适合线上的商业模式,所以对传统企业在线下经营不会太适合。"互联网+"要求传统企业先了解互联网思维,然后再结合实际情况探索出新的商业模式。

典型的互联网思维有雷军的"专注、极致、口碑、快"七字诀,也有其他的诸如生态思维、平台思维、免费思维、跨界思维等互联网思维。正是这些内涵丰富的互联网思维,构成了种类繁多的互联网商业模式。互联网思维就如餐饮企业的标准化流程,其特点是可以快速复制。但互联网思维不是万能的,当前更多的所谓的"屌丝、粉丝、迭代"等互联网思维是建立在产品运营、商业营销及用户服务的基础上的,并非商业模式的具体体现。

(2) 互联网渠道+。在一部分互联网人的眼中,互联网是个工具,这个看法大多数人是认同的。就如之前的蒸汽时代、电力时代一样,这些工具解放了更多的劳动力进而从事更多的工作,给生产与生活带来更大的便捷性。互联网作为工具,最大的贡献就是在互联网2.0时代到来以后,互联网成为一个企业商业营销及交易的新渠道。这个渠道跟线下的其他渠道一样但效率更高,在线支付使得购买商品更加容易,在线选货的种类更多,重要的是互联网渠道让商家的市场增加了十几倍,彻底冲破了地域概念,不用区域代理机制也能卖货到更远的地方。

"互联网+"的商业模式之所以能成功,是因为互联网在商业创造了一个新的营销及供应的渠道,有了这个渠道所有的交易都不成问题。理论上任何行业的任何商品都可以在网上实现交易,电商诞生到现在,基本上所有大家见过的商品都被放到了网络商城上。因此,探讨"互联网+"必须研究"互联网渠道+"这个属性,渠道是互联网交易的重要组成部分,无论是B2B还是B2C。

(3)互联网平台(生态)+。互联网发展到3.0时代,进入互联网+综合服务的时代。除了特别大的市场,大型的互联网商家已经看不上那些本源市场不够大的行业,但是一个商家足够多的行业是需要互联网服务的,大型商家们干脆做出一个只服务于卖家与买家的网站,而自身不从事这个行业,这就是我们当前看到的各大平台。电商平台、物流平台、社交平台、广告平台等等各种平台应有尽有,到后来,这些平台开始垂直与细分化,出现了美妆、生鲜、酒类、鞋类等更专业的平台。本质都是电商,融合社交、物流、营销等工具,为买家和卖家双方提供最大化的服务,盈利模式上赚取的是服务费。

这些平台后来越做越大,已经不限于自身起家的行业,通过平台吸引更多的技术、服务提供商,并且开始跨界发展,如社交平台会做游戏、电商及硬件等,电商平台也会做文学、电影及体育等。这些平台几乎会做当前能见到的各种热门行业的业务,一些看似不相干的业务也因其战略发展需要而被纳入旗下。实现方式则通过与其他商家合作及收购、并购。他们自身能做的自己做,不能做的或者不愿意做的交给别人做,从而由共同的价值链组成与自然生态类似的互联网生态。

传统企业融合"互联网+",一方面可以自己做平台或生态;另一方面在早期也可以加入某个平台或生态,做那些平台不愿做或者不想做的,从而通过平台及生态战略来实现企业的初步转型。平台一方会为企业提供足够多的帮助与支持,将来很有可能是传统企业转型的必经之路。大部分企业会选择两条腿走路,一条是平台及生态的入驻,另一条则是企业自身的探索,这样可以回避转型不成功的风险。

(4)万物互联+。对于"万物互联+",这个也可以称作"物联网+"。虽然现在各处都是智能硬件,各处都讲物联网,要实现真正的"万物互联+",还有很长的路要走,这是未来的"互联网+"形态。"互联网+"被提出来,也正是因为将来会是万物互联的时代,从商业到物,到人,再到事,所有的都是被连起来的,这将会有更多的商业模式出现,也会是"互联网+"的最终目标。因为在那个时代,商业及企业已经不分线上与线下,整个社会都是一个"大一统"的状态,也就不会再有所谓的企业转型之谈,"互联网+"也就完成了其使命。

二、互联网+的特征

互联网+不等于"+互联网",两者有本质区别。互联网+的概念远远大于"传统行业+互联网"的概念。简单来说,互联网+是为了打破信息不对称、降低交易成本、促进分工深化和提升劳动生产率的目的,为各行各业进行转型升级提供重要平台和机遇,就是将互联网与传统行业相结合,促进各行各业的快速发展。典型的互联网+思维有生态思维、平台思维、免费思维、跨界思维等互联网思维。正是这些内涵丰富的互联网思维,构成了种类繁多的互联网商业模式。互联网+有六大主要特征。

1. 跨界融合

互联网+就是开放,跨界,颠覆,深度融合。跨界就是打破传统行业的界限，融合不同行业的优势，并加以创新的重组和协同；跨界融合了，不同行业的优势才会实现，资源配置和利用的效率才会提高。

2. 创新驱动

互联网+以创新驱动互联网与传统产业加速融合，创新载体由单个企业向跨领域多主体的创新网络转变，创新方式由互联网技术与智能化融合传统行业，创新组织形态以生产小型化、智能化、专业化为特征。

3. 重塑结构

互联网+打破了信息封闭、地域限制、行业界限，并正在重塑原先有的社会结构、经济结构、地缘结构、文化结构。互联网+的发展，正在使权力、议事规则、话语权不断发生变化。

4. 尊重人性

互联网+之所以受到普遍重视和广泛应用，最根本的原因是对人性的最大限度的尊重、对人体验的敬畏、对人的创造性发挥的重视。人性的光辉是推动科技进步、经济增长、社会进步、文化繁荣的最根本的力量。

5. 开放生态

互联网+时代，提倡的是自由、开放的精神，开放生态是一个非常重要的特征。开放生态，就是要化解制约创新的体制和机制，把单独创新连接起来，由人性决定的市场来驱动研发，让创业者有机会实现价值。

6. 连接一切

互联网+的兴起，越来越多的实体、个人、设备都随时随地连接在了一起。互联网+连接一切的能力，极大地改变了社会和经济形态，通过人与服务、人与设备、人与内容源等的连接，实现互联互动，虚拟与现实世界的边界已经模糊。这种连接一切的能力，产生了新力量和再生能力。

第二节 互联网在现代农业中的意义

一、互联网为农村创业带来新契机

不管是政府还是企业,不管是投资人还是创业者,互联网让所有创业、创新的重要环节站到了别人最容易看到的地方。有了互联网,交流和资讯的获得变得便捷,创业者能在这个过程获得更多。

由互联网技术带动的农业升级、农民生活改善,正在为越来越多年轻人打开创业的新空间。大数据的应用,让农场的管理更像一家工厂。互联网+农业,打开的不仅仅是这些城里孩子的想象空间,越来越多的农二代也纷纷选择告别城市留在家乡创业。互联网的普及已成为农村发展的最大契机。

二、互联网给农产品销售带来新突破

农业是国民经济的基础产业,农产品是人类生存与发展最重要的物质基础,关系到国计民生,是国家运作的支柱。现阶段,大数据、大流通、大互联已成为农产品营销发展的必然趋势,也是未来农业营销必须坚持的方向。伴随着国家层面《关于加快发展农村电子商务的指导意见》的发布,更多的工商资本涌入农业电商领域,为现代农产品营销促进农业增效,实现农民增收提供前提。

进一步利用现代互联网技术,拓宽网络营销渠道,多视角、多维度与电商进行融合,充分发挥互联网信息共享、网络传播速度快,范围广的核心优势。进行农产品产销直面对接。而且,通过全球定位系统保证能够及时有效的处理物流交易,提高农产品流通效率,让消费者可以直面的利用网络浏览农作物生产、加

工、运输、交易过程。增进消费者消费农产品的信心。提高农产品在市场上的转化率，进而实现农民收入的增长。

三、互联网给农产品安全提供新保障

物联网是以互联网为基础，同时通过智能感知、识别技术与普适计算等通信感知技术将物品与互联网连接起来，进行信息交换和通信，以实现智能化识别、定位、跟踪、监控和管理等功能。在美国，80%的大农场已普及农业物联网技术，农场主通过高度自动化的大型农业机械设施，3个人可完成4.05×10^7平方米的土地管理和玉米收割，效率远超人力。借助物联网对作物环境的调节作用，能让粮食蔬菜在质和量上都有所提升，不光高产，而且高质。通过互联网创造透明的供应链体系，从食品领域延伸出来的可追溯系统，是解决食品安全和食品信誉问题的有效工具。通过食品附带的二维码，消费者就可以在手机扫描后看到这个产品的追溯信息，在哪里耕种、何时采摘、谁来采摘、包装日期等一应俱全。用互联网技术实现生产过程的全程追溯，再加上质检等权威机构的合作，就可以多方协同创造出真正的透明供应链，让消费者吃得放心。

四、互联网为农业可持续发展提供新思路

随着互联网的飞速发展，我国的农业信息技术无论在信息传播硬件建设方面，还是在农业信息平台和资源建设方面都取得了较大进展，为实现农业的可持续发展发挥了重要作用。在美国、荷兰等发达国家，信息技术在农业上的应用主要包括农业生产经营管理、农业信息获取及处理、农业专家系统、农业系统模拟、农业决策支持系统、农业计算机网络、农业物联网等。

随着农业部对农业物联网的重视程度越来越高，各地区也纷纷建立了农业物联网应用示范工程和农业物联网区域试验工程，

积极引导和推动科研教学单位和相关企业投身农业物联网的技术研发和应用示范，农业物联网在大田作物、设施园艺、畜禽水产、资源环境监测、农产品质量安全监管等行业和领域呈现蓬勃发展的态势。实施物联网项目后可实现环境的精准监测、工厂化育苗和水肥一体化，节本增效效果明显。据测算，一年每亩地劳动力投入减少10个工作日，生产者劳动强度可降低20%左右，年均节约人工费用20%及以上。年均节水、节肥、节药10%及以上。

五、互联网为农产品品牌发展带来新模式

通过建立农产品信息服务平台，利用地方的资源优势、文化优势及政策优势对地方特色农产品进行整体定位、包装、宣传。引导消费者大众农产品品牌感知，树立良好形象。

淘宝出现之后，服装等早期触电品类快速涌现了一大批淘品牌，现在，农产品电商进入快速发展期，褚橙、三只松鼠等品牌借助网络营销的力量，快速完成了传统农产品几年才能完成的口碑积累和宣传推广效果。利用新型的产业模式创造差异，让农产品特立独行，强势打造农产品差异化品牌价值和影响力，为农产品营销带来意想不到的商机。

由于农产品整体的品牌缺位，比其他品类具有更大的品牌打造空间，所以，未来品牌农产品电商将有更广阔的市场空间。同时，由于农产品电商的快速增长，物流成本的高企，目前电商产品还主要集中在中高端产品上，而这类产品有着天然的品牌依赖性，没能完成品牌打造的产品，很难在未来的竞争中获得一席之地。

企业在打造品牌过程中，要兼顾农产品的消费习性、文化特色和互联网的个性化、分享性。一方面，要做有故事、有温度、有情怀的品牌。用故事性分享出去，用温度感动人，用情怀留住

人。浙江省松阳县枫坪乡沿坑岭头村，生长着182棵百年树龄的野生柿子树，当地人称作"金枣柿"。而经过包装策划之后，这种天然柿子干变成了承载乡愁的"善果"，在网上快速热销，价格也飙升了十几倍。另一方面，网络营销走到现在，品牌打造不一定非要从大传播开始，从身边的真实用户开始，用产品打动人，更能产生自然分享，打造忠实粉丝群。

第三节 互联网+现代农业生产

一、智慧设施农业

1. 设施农业的概念

设施农业是在不适宜生物生长发育的环境条件下，通过建立结构设施，在充分利用自然环境条件的基础上，人为地创造生物生长发育的生长环境条件，实现高产、高效的现代农业生产方式，包括设施种植和设施养殖。本书所说的设施农业是设施种植，即植物的设施栽培，是指在采用各种材料建成的，具有对温、光、水、肥、气等环境因素控制的空间里，进行植物栽培的农业生产方法。

设施农业作为农业生态系统的一个子系统，既具有农业生态系统的一般特征，也具有与一般生态系统明显不同的自身特点：一是人的干预和控制性强，包括对种群结构、环境结构、产品形态和流通、采收与上市等都由人的干预和控制；二是物资和资金投入大，设施农业是集约化程度非常高的现代农业生产方式，自然要求有大量物质能量的投入；三是具有生态、经济的双重性，属于典型的生态经济系统；四是地域差异性显著。

2. 智慧设施农业

设施农业加互联网相关技术就组成了现代智慧设施农业。智慧设施农业是在环境相对可控条件下，采用智慧农业的相关技术手段，进行动植物高效生产的一种现代农业方式。智慧设施农业涵盖设施种植、设施养殖和设施食用菌等。设施农业是个新的生产技术体系，它的核心设施就是环境安全型温室、环境安全型畜禽舍、环境安全型菇房。关键技术是能够最大限度利用太阳能的覆盖材料，做到寒冷季节高透明高保温；夏季能够降温防苔；能够将太阳光无用光波转变为适应光合作用需要的光波；良好的防尘抗污功能等。它根据不同的种养品种需要设计成不同设施类型。同时，选择适宜的品种和相应的栽培技术。

二、智慧大田种植

目前，种植基地和示范园区等农业种植区域，普遍存在着很多问题。首先，个体种植户居多，规模小，往往对作物管理的参考依据不统一，管理措施不统一，农副产品难以标准化，成为产品走向高质量化和食品安全的障碍。其次，农村劳动力的减少，导致农民种植积极性降低，依靠大量人工劳动力管理的传统耕作模式，浪费时间、浪费成本。再次，对土壤含水量和相应的环境温湿度、光照等环境参数指标没有标准的监测和分析，不能准确地把握作物灌溉的时机和用水量，造成了水、电资源的浪费。最后，依靠人工管理作物的生产，不能及时掌握气象变化信息，往往会造成低温冻害、高温灼烧、涝害等严重后果，致使农作物损失惨重。

农业物联网的出现，对上述问题的解决具有一定的意义，同时，对大田种植的智慧应用有新的需求。在什么时候施肥、要施多少肥料、选用哪种肥料的问题以及播种、灌溉、施肥、除草、防治病虫害、收获等的确定，都可依靠农业物联网技术实现，不劳累而且精确，从此改变农民靠经验来种田的习惯。

"3S"技术，即 RS（遥感技术）、GPS（全球卫星定位系统）和 GIS（地理信息系统）的出现，改变了农田种植模式。"3S"技术在农业资源调查、监测与利用、土地资源与土地利用研究、作物估产与长势监测、农业灾害监测、预报及应急反应、农业环境监测与管理诸多方面的应用，推动了农业现代化的发展。

以"3S"集成技术，农业智能化、自动控制系统与工程装备为主要内容，广泛应用现代信息技术参与管理的一种先进农业体系，即"精准农业"出现并迅速发展。"3S"技术集成应用可以优势互补。比如，遥感和地理信息系统结合提供了多种数据源，为农田基础数据库奠定了基础，搭载在农业机械上的地理信息系统可以为农田基础数据库提供各种农田操作中和田间作业时的位置以及作物长势监测等数据。全球定位系统和地理信息系统结合，提供了科学种田需要的定位和定量进行农田操作和田间管理。"3S"技术在农业农田种植中应用十分广泛，它可以客观、准确、及时地提供作物生态环境和作物生长的各种信息，它是精确农业获得田间数据的重要来源。

三、智慧畜禽养殖

现代畜禽养殖是一种"高投入、高产出、高效益、高风险"的产业。目前，我国的畜禽养殖业养殖环境状况令人担忧。首先，禽畜舍内有害气体含量超标、温湿度等环境指标超标均会导致畜禽产生免疫力降低并引发各种疾病，并直接影响畜禽健康、产品品质和周边生态的健康。虽然畜禽舍里采用了人工通风、夏季湿帘降温等一系列环境控制技术来保障环境调控，但环境控制系统多数由饲养管理人员手动操作或机电操作，自动化水平低，难以适应现代化管理的要求。再次，畜禽舍环境指标的监测主要依靠人工感官测定，该方法误差大、时效性差。最后，畜禽养殖过程管理不透明，导致畜禽生鲜产品过程质量难以得到保障，从而影响了养殖户和终端消费者的利益。为了规范产业的健康发展，国家相关部门提出要将降低资源浪费、减少环境污染、降低投入成本、保障安全供应作为实现畜禽产业现代化的首要目标。

随着互联网、云计算、物联网等信息技术渗透到各个领域，新一代信息技术和现代畜牧业紧密联结、加快融合。"互联网+"给畜牧业带来了一些新的技术革命。例如，"互联网+"能更好地让饲料自动饲喂系统根据畜禽生长周期、进食情况等信息，对畜禽投喂时间、投喂量等进行优化调控；能更好地让畜禽疫病诊断和防控系统依靠设置在栏舍的可视设备，传输病情、疫情等信息，以便为专家进行诊治提供第一手资料；能更好地让畜禽养殖环境监控系统对养殖环境中二氧化碳、二氧化硫、氨气等参数进行实时监控，从而大力发展生态畜禽养殖，实现畜牧业快速健康可持续发展。

四、智慧水产养殖

水产养殖是一项有特色、有活力、有潜力的产业。水产养殖在于为人类增产优质蛋白和源源不断地为国人提供高级粮食。近10多年来，高速发展的中国水产养殖业在给社会带来巨大财富的同时，也给自身带来了许多亟待解决的技术和环境问题。

随着人们消费水平和环保意识的提高，绿色水产越来越受到消费者的青睐，传统的养殖模式存在的种种弊端，已经难以满足市场的要求。因此发展智能化水产养殖，才能真正从根本上解决现在所面临的问题。智能化包括机械化和自动化。机械化是指利用物联网设备，实现对养殖环境中水温、光照、pH 值、溶解氧等的实时远程监测。从而达到及时、有效的管理水产养殖环境。自动化是指通过物联网数据，实现特殊状况的自动报警和设备自动充氧等自动化设施，减少人工成本，减少不必要损失，提高效率，增加产量。

全球新兴智慧养殖渔业，运用物联网和大数据于传统养殖工法，逐步建立多元养殖环境及生产资料库与模式。透过不同功能的感测器，卫星定位，网路即通信系统，远距即时监控，协助养殖业者以随身电子产品如手机、平板及电脑等设备监控喂食情况，鱼体健康，水质溶氧量、水酸碱值，进行日常养殖管理，快速有效因应各种状况，来降低人力、饲料及电力等成本，同时提升养殖渔业产值。

五、农业信息监测预警系统

农业信息监测预警系统主要包括农业灾害预警、耕地质量监测、重大动植物疫情防控、农产品市场波动预测、农业生产经营科学决策以及农机监理与农机跨区作业调度。

1. 农业灾害预警

农业灾害包含农业气象灾害、农业生物灾害以及农业环境灾害三部分，是灾害系统中最大的部门灾害。农业灾害的破坏作用是水、旱、风、虫、雹、霜、雪、病、火、侵蚀、污染等灾害侵害农用动植物、干扰农业生产正常进行、造成农业灾情的过程，也就是灾害载体与承灾体相互作用的过程。有些灾害的发生过程较长，如水土流失、土壤沙化等，称为缓发性灾害，大多数灾害则发生迅速，称为突发性灾害，如洪水、冰雹等。

农业灾害严重威胁了农业生产的正常顺利进行，对社会产生负面的效应。首先，对农户的生产生活造成了危害。其次，导致与农业生产相关的工业、商业、金融等社会经济部门受到影响。资金被抽调、转移到农业领域用于抗灾、救灾，扶持生产或用于灾后援助，解决灾区人民生活问题，因为其他部门的生产计划受到影响，不能如期执行；在建或计划建设项目被推迟、延期或搁置；社会经济处于停滞甚至衰退萧条的状态。最终影响到国家政权的稳定。综上所述，可以看出对农业灾害进行预警对于增强人们对农业灾害的认识，进一步提前制定相应的减灾决策以及防御措施，对保障社会效益具有重要意义。

2. 耕地质量监测

耕地质量分为耕地自然质量、耕地利用质量和耕地经济质量三类，其主要内容为耕地对农作物的适宜性、生物生产力的大小（耕地地力）、耕地利用后经济效益的多少和耕地环境是否被污染四个方面。国土资源部通过耕地质量等级调查与评定工作，将全国耕地评定为15个质量等别．评定结果显示我国耕地质量等级总体偏低。

耕地质量监测是《中华人民共和国农业法》、国务院《基本农田保护条例》等法律法规赋予农业部门的重要职责。为了实时掌握耕地质量变化情况及其驱动因素，并结合相应的整治措施以实现耕地质量的控制和提高，推进我国耕地质量建设、促进耕地的可持续利用，耕地质量监测成为不可或缺的重要环节。

3. 重大动植物疫情防控

随着动植物农产品的流通日趋频繁，重大动植物疫情防控工作面临新的挑战，严重威胁着农业生产、农产品质量安全以及农业产业的健康发展。因此，将重大动植物疫情防控作为保障农民收入，加快农业经济结构调整，推进现代农业发展方式转变的重要任务具有重要意义。

对于动植物疫情防控工作，关键问题不是在具体的防疫工作和防疫技术上，而是在于动植物群体疫病控制的疫情信息分析上，否则将使"防—控—治—管"各个环节缺乏先导信息的指导，防控行为的时效性、有效性、协调性和经济效益等方面都受到极大影响。建立动植物疫情风险分析与监测预警系统，将动植物疫情监测、信息管理、分析与预警预报等融于一体，利用现代信息分析管理技术、计算机模拟技术、GIS技术、建模技术、风险分析技术等信息技术，从不同角度、不同层次多方面对疫病的发生、发展及可能趋势进行分析、模拟和风险评估，可以提出在实际中可行、经济上合理的优化防控策略和方案，为政府决策部门提供了有效的决策支持。这对于从根本上防控与净化重大动植物疫病，确保畜牧业、农业、林业的可持续发展，推进社会主义新农村建设具有重大的现实意义和深远的历史意义。

4. 农产品市场波动预测

农产品市场价格事关民众生计和社会稳定。为避免农产品市场价格大幅度波动，应加强农产品市场波动监测预警。农产品市场价格受多种复杂因素的影响，使得波动加剧、风险凸显，预测难度加大。在我国当前市场主体尚不成熟、市场体系尚不健全、法制环境尚不完善等现状下，农业生产经营者由于难以对市场供求和价格变化作出准确预期，时常要面临和承担价格波动所带来的市场风险；农业行政管理部门也常常因缺少有效的市场价格走势的预判信息，难以采取有预见性的事前调控措施；消费者由于缺少权威信息的及时引导，在市场价格频繁波动中极易产生恐慌心理，从而加速价格波动的恶性循环。因此，建设农产品市场波动预测体系对促进农业生产稳定、农民增收和农产品市场有效供给具有重要意义。

5. 农业生产经营科学决策

科学决策是指决策者为了实现某种特定的目标，运用科学的理论和方法，系统地分析主客观条件作出正确决策的过程。科学决策的根本是实事求是，决策的依据要实在。决策的方案要实际，决策的结果要实惠。

目前，我国农业生产水平较高，已摒弃了传统的简单再生产，农民对与农业生产经营的目标已由自给自足转向最求自身利益最大化。为此农民必须考虑自身种养殖条件、自身经济水平、所种植农产品的产量、农产品价格、相关政策等会对其收益造成的影响。但农民自身很难全面分析上述相关信息，并制定相应的农业生产经营决策。农业信息监测预警体系采用科学的分析方法对影响农民收入的相关信息进行分析，为农民提供最优的农业生产经营决策。合理的农业生产经营决策不仅有利于提高农民的个人收入，同时，对于社会资源的有效配置、国家粮食安全均具有重要意义。

6. 农机监理与农机跨区作业调度

农机监理是指对农业机械安全生产进行监督管理。跨区作业是市场经济条件下提高农机具利用率的有效途径，通过开展农机跨区作业，有力地促进机械化新技术、新机具的推广。但是近年来，农业机械安全问题越来越突出，成为整个安全生产的焦点之一。由于外来的跨区作业队对当地的农业生产情况不了解，如何有序、高效安置各个跨区作业队的作业地点及作业时间，引导农机具的有序流动，做到作业队"机不停"，农户不误农时等问题均亟待解决。农业信息监测预警系统通过对农业机械事故发生的规律进行分析，找出其内在隐患，进一步将隐患消除在萌芽状态；通过对当地农业种养殖现状进行分析，找出其最优作业实施流程，对于最终实现农业机械安全、优质、高效、低耗的为农业生产服务，提高农业机械化整体效益具有重要意义。

第十章 新型农业经营主体扶持政策

针对新型农业经营主体发展的实际,中共中央办公厅、国务院办公厅印发的《关于加快构建政策体系培育新型农业经营主体的意见》,第一次明确提出支持新型农业经营主体发展的政策框架,从财政税收、基础设施建设、金融信贷、保险、营销市场、人才培养引进等方面进行配套整合和适当延伸,使各方面政策更集中、更系统、更具有指向性。

第一节 财政税收

一、完善财政税收政策概述

加大新型农业经营主体发展支持力度,针对不同主体,综合采用直接补贴、政府购买服务、定向委托、以奖代补等方式,增强补贴政策的针对性实效性。农机具购置补贴等政策要向新型农业经营主体倾斜。支持新型农业经营主体发展加工流通、直供直销、休闲农业等,实现农村一、二、三产业融合发展。扩大政府购买农业公益性服务机制创新试点,支持符合条件的经营性服务组织开展公益性服务,建立健全规范程序和监督管理机制。鼓励有条件的地方通过政府购买服务,支持社会化服务组织开展农林牧渔和水利等生产性服务。支持新型农业经营主体打造服务平台,为周边农户提供公共服务。鼓励龙头企业加大研发投入,支持符合条件的龙头企业创建农业高新技术企业。支持地方扩大农产品加工企业进项税额核定扣除试点行业范围，完善农产品初加工所得税优惠目录。落实农民合作社税收优惠政策。

二、测土配方施肥补助政策

中央财政安排测土配方施肥专项资金7亿元，深入推进测土配方施肥，结合"到2020年化肥使用量零增长行动"，选择一批重点县开展化肥减量增效试点。创新实施方式，依托新型经营主体和专业化农化服务组织，集中连片整体实施，促进化肥减量增效、提质增效，着力提升科学施肥水平。项目区测土配方施肥技术覆盖率达到90%以上，畜禽粪便和农作物秸秆养分还田率显著提高，配方肥推广面积和数量实现"双增"，主要农作物施肥结构、施肥方式进一步优化。

三、畜牧良种补贴政策

我国近年投入畜牧良种补贴资金12亿元，主要用于对项目省养殖场（户）购买优质种猪（牛）精液或者种公羊、牦牛种公牛给予价格补贴。生猪良种补贴标准为每头能繁母猪40元；肉牛良种补贴标准为每头能繁母牛10元；羊良种补贴标准为每只种公羊800元；牦牛种公牛补贴标准为每头种公牛2000元。奶牛良种补贴标准为荷斯坦牛、娟姗牛、奶水牛每头能繁母牛30元，其他品种每头能繁母牛20元，并开展优质荷斯坦种用胚胎引进补贴试点，每枚补贴标准5000元。2018年国家继续实施畜牧良种补贴政策。

四、种养业废弃物资源化利用支持政策

中央1号文件明确提出继续实施种养业废弃物资源化利用。一是支持种植业废弃物资源化利用。农业部联合国家发展改革委、财政部在甘肃、新疆等10个省（区）和新疆生产建设兵团

的229个县（区、团场）累计投资9.01亿元，实施以废旧地膜回收利用为主的农业清洁生产示范项目，新增残膜加工能力18.63万吨，新增回收地膜面积6 309.9万亩。二是支持养殖业废弃物资源化利用。

资金主要用于对畜禽粪便综合处理利用的主体工程、设备（不包括配套管网及附属设施）及其运行进行补助。通过项目实施。探索形成能够推广的畜禽粪便等农业农村废弃物综合利用的技术路线和商业化运作模式。中央财政安排1.4亿元，继续实施农业综合开发秸秆养畜项目。带动全国秸秆饲料化利用2.2亿吨。2019年，上述项目在调整完善后将继续实施。

五、农产品产地初加工补助政策

中央财政安排资金9亿元用于实施农产品产地初加工补助政策。补助政策将进一步突出扶持重点，向优势产区、新型农业经营主体、老少边穷地区倾斜。强化集中连片建设，实施县原则上调整数量不超过上年的30%。提高补贴上限，每个专业合作社补助贮藏设施总库容不超过800吨（数量不超过5座），每个家庭农场补助贮藏设施总库容不超过400吨（数量不超过2座）。

六、政府购买农业公益性服务机制创新试点政策

按照县域试点、省级统筹、行业指导、稳步推进的思路，选择部分具备条件的地区，针对公益性较强、覆盖面广、农民急需、收益相对较低的农业生产性服务关键领域和关键环节，以统防统治、农机作业、粮食烘干、集中育秧、统一供种、动物防疫、畜禽粪便及废弃物处理等普惠性服务为重点，围绕购买服务内容、承接服务主体资质、购买服务程序、服务绩效评价和监督管理机制等，引入市场机制，开展试点试验，创新农业公益性服务供给机制和实现方式，着力构建多层次、多形式、多元化的服

务供给体系，提升社会化服务的整体水平和效率。在深入总结第一批试点经验的基础上，启动实施第二批试点，完善工作机制，加强指导服务，进一步探索实践，为推动在全国面上实施政府购买农业公益性服务积累经验。

七、扶持家庭农场发展政策

国家有关部门将采取一系列措施引导支持家庭农场健康稳定发展，主要包括：建立农业部门认定家庭农场名录，探索开展新型农业经营主体生产经营信息直连、直报。继续开展家庭农场全面统计和典型监测工作。鼓励开展各级示范家庭农场创建，推动落实涉农建设项目、财政补贴、税收优惠、信贷支持、抵押担保、农业保险、设施用地等相关政策。加大对家庭农场经营者的培训力度，鼓励中高等学校特别是农业职业院校毕业生、新型农民和农村实用人才、务工经商返乡人员等兴办家庭农场。

八、扶持农民合作社发展政策

国家鼓励发展专业合作、股份合作等多种形式的农民合作社，加强农民合作社示范社建设，支持合作社发展农产品加工流通和直供直销，积极扶持农民发展休闲旅游业合作社。扩大在农民合作社内部开展信用合作试点的范围，建立风险防范化解机制，落实地方政府监管责任。

九、扶持农业产业化发展政策

中央1号文件明确提出完善农业产业链与农民的利益联结机制，促进农业产加销紧密衔接、农村一、二、三产业深度融合，推进农业产业链整合和价值链提升，让农民共享产业融合发展的增值收益。国家有关部委将支持农业产业化龙头企业建设稳定的原料生产基地、为农户提供贷款担保和资助订单农户参加农业保险。深入开展土地经营权入股发展农业产业化经营试点,引导农户自愿以土地经营权等入股龙头企业和农民合作社,采取"保底收益+按股分红"等方式,让农民以股东身份参与企业经营,分享二、三产业增值收益。加快一村一品专业示范村镇建设,支持示范村镇培育优势品牌,提升产品附加值和市场竞争力,推进产业提档升级。

十、新型农业经营主体新增补贴

1. 种地保险赔偿费用补贴

这种补贴为了让种粮大户摆脱看天吃饭的问题。如果因为天气原因、自然灾害甚至重大虫病灾害等原因导致遭受损失,农业种植大户、家庭农场或者农民合作社等新型主体,就可以申领最多2万元的补贴。

2. 自愿让出土地费用补贴

土地流转能够提升农业的活力,让荒地或者是使用不当的土地更好发挥作用。但是传统上讲,咱们农民对土地都是非常看重的。为了鼓励流转,推广适度规模化经营,对于自愿流转自家土地的农民朋友,国家也会有一定的补贴。

3. 牲畜养殖垃圾处理补贴

养殖业具有很大的发展潜力,但如果经营方式粗放,就会产生各种粪便垃圾,不但污染环境,还可能带来一系列的卫生安全隐患。其实牲畜养殖垃圾的处理方式很多,如沼气池等。但是建设这些设施,肯定都需要大量资金。因此,国家计划下发20亿元来支持养殖场的建设,目前已经开始试点。

4. 有机化肥使用补贴

随着绿色农业发展理念的推广,越来越多的农民朋友开始考虑使用有机肥,在特定的范围和农作物品种当中,国家会对有机化肥提供补贴,不仅是降低成本,同时也是帮助推广有机化肥。

十一、税收优惠

1. 企业所得税方面

企业所得税法及其实施条例规定，对企业从事农林牧渔业项目的所得，包括农林产品种植业、养殖业、远洋捕捞、农产品初加工等农林牧渔服务业项目的所得，免征企业所得税；对企业从事花卉、茶等饮料、香料作物的种植、海水养殖、内陆养殖等项目的所得，减半征收企业所得税。

2. 个人所得税方面

个人或个体户从事种植业、养殖业、饲养业、捕捞业取得的所得暂不征收个人所得税；个人独资企业和合伙企业从事种植业、养殖业、饲养业和捕捞业（简称"四业"），其自然人投资者取得的"四业"所得暂不征收个人所得税。

3. 增值税方面

对农业生产者销售的自产农业产品免征增值税，并允许购进农产品按照买价和11%或13%扣除率计算抵扣增值税；对农民专业合作社销售本社成员生产的农业产品，视同农业生产者销售自产农业产品，免征增值税；增值税一般纳税人从农民专业合作社购进的免税农产品，可按11%或13%的扣除率计算抵扣增值税进项税额；对农民专业合作社向本社成员销售的农膜、种子、种苗、农药、农机，免征增值税；对生产销售的种子、种苗、农药、农机免征增值税；对生产销售和批发、零售有机肥产品免征增值税；对农业机耕、排灌、病虫害防治、植物保护、农牧保险以及相关技术培训业务，家禽、牲畜、水生动物的配种和疾病防治，免征增值税。

4. 城镇土地使用税方面

对直接用于农、林、牧、渔业的生产用地，免征城镇土地使用税。

5. 契税方面

对纳税人承受荒山、荒沟、荒丘、荒滩土地使用权,用于农、林、牧、渔业的生产的,免征契税。

6. 印花税方面

为减轻农民负担,支持农民专业合作社健康发展,自2008年7月1日起,国家对农民专业合作社与本社成员签订的农业产品和农业生产资料购销合同,免征印花税。

第二节 基础设施建设

一、加强基础设施建设概述

各级财政支持的各类小型项目,优先安排农村集体经济组织、农民合作组织等作为建设管护主体,强化农民参与和全程监督。鼓励推广政府和社会资本合作模式,支持新型农业经营主体和工商资本投资土地整治和高标准农田建设。鼓励新型农业经营主体合建或与农村集体经济组织共建仓储烘干、晾晒场、保鲜库、农机库棚等农业设施。支持龙头企业建立与加工能力相配套的原料基地。统筹规划建设农村物流设施,重点支持一村一品示范村镇和农民合作社示范社建设电商平台基础设施,逐步带动形成以县、乡、村、社为支撑的农村物流网络体系。新型农业经营主体所用生产设施、附属设施和配套设施用地,符合国家有关规定的,按农用地管理。各县(市、区、旗)根据实际情况,在年度建设用地指标中优先安排新型农业经营主体建设配套辅助设施,并按规定减免相关税费。对新型农业经营主体发展较快、用地集约且需求大的地区,适度增加年度新增建设用地指标。通过城乡建设用地增减挂钩节余的用地指标,优先支持新型农业经营主体开展生产经营。允许新型农业经营主体依法依规盘活现有农村集体建设用地发展新产业。新型农业经营主体发展农产品初加工用电执行农业生产电价。推进农业水价综合改革，建立农业用水精准补贴机制和节水奖励机制，在完善水价形成机制的基础上，对符合条件的新型农业经营主体给予奖补。

二、加强高标准农田建设支持政策

中央1号文件明确要求，到2020年确保建成8亿亩、力争建成10亿亩集中连片、旱涝保收、稳产高产、生态友好的高标准农田，优先在粮食主产区建设确保口粮安全的高标准农田。目前，建设高标准农田的投资主要有，国土资源部国土整治、财政部农业综合开发、国家发改委牵头的新增千亿斤粮食产能田间工程建设和水利部农田水利设施建设补助等。

三、菜果茶标准化创建支持政策

为解决蔬菜周年均衡供应问题，农业部在园艺作物标准化创建支持政策中启动了北方城市冬季设施蔬菜开发试点，力争形成南方蔬菜生产基地建设与北方城市设施蔬菜开发统筹协调。黄土高原、云贵高原和北部高纬度地区夏秋蔬菜，华南及西南、长江流域地区冬春蔬菜，黄淮海及环渤海地区重点设施蔬菜档期互补的生产布局。今后，在园艺作物标准化创建项目的资金安排上，将加大对种植大户、专业化合作社和龙头企业发展适度规模化生产的支持力度，进一步推进园艺作物生产的标准化、规模化、产业化。

四、化肥、农药零增长支持政策

按照《到2020年化肥使用量零增长行动方案》的要求，以用肥量大的玉米、蔬菜、水果等作物为重点，选择一批重点县开展化肥减量增效试点。一是大力推广化肥减量增效技术。依托规模化新型经营主体，建立化肥减量增效示范区，示范带动农户采用化肥减量增效技术，推进农机农艺结合改进施肥方式，提高化肥利用率。二是大力推动配方肥到田。开展农企合作推广配方肥活动，探索实施配方肥、有机肥到田补贴，推动配方肥、有机肥和高效新型肥料进村入户到田，优化肥料使用结构。三是大力推进社会化服务。积极探索政府购买服务有效模式，充分利用现代信息技术和电子商务平台，支持社会化农化服务组织开展科学施肥服务，深入开展测土配方施肥手机信息服务。

按照《到2020年农药使用量零增长行动方案》，大力推进统防统治、绿色防控、科学用药，减少农药使用量，提高利用率。一是推进统防统治与绿色防控融合。结合实施重大农作物病虫害统防统治补助项目，扶持专业化服务组织。推进统防统治与绿色防控融合，实现病虫综合防治、农药减量控害。二是开展蜜蜂授粉与病虫害绿色防控技术集成示范。扶持建立一批示范区，组装集成技术模式，推广绿色防控技术，保护利用蜜蜂授粉，实现增产、提质、增收及农药减量。三是实施低毒生物农药示范补贴试点。

五、畜牧标准化规模养殖支持政策

中央财政共投入资金13亿元支持发展畜禽标准化规模养殖。其中，中央财政安排10亿元支持奶牛标准化规模养殖小区（场）建设，安排3亿元支持内蒙古、四川、西藏自治区（以下简称"西藏"）、甘肃、青海、宁夏、新疆维吾尔自治区（以下简称"新疆"）以及新疆生产建设兵团肉牛、肉羊标准化规模养殖场（小区）建设。支持资金主要用于养殖场（小区）水电路改造、粪污处理、防疫、挤奶、质量检测等配套设施建设等。2019年国家继续支持奶牛、肉牛和肉羊的标准化规模养殖。

六、发展多种形式适度规模经营政策

中央1号文件明确提出,要充分发挥多种形式适度规模经营在农业机械和科技成果应用、绿色发展、市场开拓等方面的引领功能。土地流转和适度规模经营必须从国情出发,要尊重农民意愿,因地制宜、循序渐进。土地流转要坚持农村土地集体所有权,稳定农户承包权,放活土地经营权,以家庭承包经营为基础,推进家庭经营、集体经营、合作经营、企业经营等多种经营方式共同发展;要坚持规模适度,既注重提升土地经营规模,又防止土地过度集中,兼顾公平与效率,提高劳动生产率、土地产出率和资源利用率;要坚持市场在资源配置中起决定性作用和更好发挥政府作用,依法推进土地经营权有序流转。鼓励和引导农户自愿互换承包地块实现连片耕种。鼓励和支持承包土地向专业大户、家庭农场、农民合作社流转,发展多种形式的适度规模经营。各地要依据自然经济条件、农村劳动力转移情况、农业机械化水平等因素,研究确定本地区土地规模经营的适宜标准。防止脱离实际、违背农民意愿,片面追求超大规模经营的倾向。现阶段,对土地经营规模相当于当地户均承包地面积10~15倍、务农收入相当于当地二、三产业务工收入的,应当给予重点扶持。完善财税、信贷保险、用地用电、项目支持等政策。加快形成培育新型农业经营主体的政策体系。支持多种类型的新型农业服务主体开展代耕代种、联耕联种、土地托管等专业化规模化服务。

第三节 金融信贷

一、改善金融信贷服务概述

综合运用税收、奖补等政策,鼓励金融机构创新产品和服务，加大对新型农业经营主体、农村产业融合发展的信贷支持。建立健全全国农业信贷担保体系，确保对从事粮食生产和农业适度规模经营的新型农业经营主体的农业信贷担保余额不得低于总担保规模的70%。支持龙头企业为其带动的农户、家庭农场和农民合作社提供贷款担保。有条件的地方可建立市场化林权收储机构，为林业生产贷款提供林权收储担保的机构给予风险补偿。稳步推进农村承包土地经营权和农民住房财产权抵押贷款试点，探索开展粮食生产规模经营主体营销贷款和大型农机具融资租赁试点，积极推动厂房、生产大棚、渔船、大型农机具、农田水利设施产权抵押贷款和生产订单、农业保单融资。鼓励发展新型农村合作金融，稳步扩大农民合作社内部信用合作试点。建立新型农业经营主体生产经营直报系统，点对点对接信贷、保险和补贴等服务，探索建立新型农业经营主体信用评价体系，对符合条件的灵活确定贷款期限，简化审批流程，对正常生产经营、信用等级高的可以实行贷款优先等措施。积极引导互联网金融、产业资本依法依规开展农村金融服务。

二、专项资金补助

高效设施农业专项资金，重点补助新建、扩建高效农产品规模基地设施建设。

农业产业化龙头企业发展专项资金，重点补助农业产业化龙头企业及产业化扶贫龙头企业，对于扩大基地规模、实施技术改造、提高加工能力和水平给予适当奖励。

外向型农业专项资金，重点补助新建、扩建出口农产品基地建设及出口农产品品牌培育。

农业三项工程资金，包括农产品流通、农产品品牌和农业产业化工程的扶持资金，重点是基因库建设。

农产品质量建设资金，重点补助新认定的无公害农产品产地、全程质量控制项目及无公害农产品、绿色、有机食品获证奖励。

农民专业合作组织发展资金,重点补助"四有"农民专业合作经济组织,即依据有关规定注册,具有符合"民办、民管、民享"原则的农民合作组织章程;有比较规范的财务管理制度,符合民主管理决策等规范要求;有比较健全的服务网络,能有效地为合作组织成员提供农业专业服务;合作组织成员原则上不少于100户。同时,具有一定产业基础。鼓励他们扩大生产规模、提高农产品初加工能力等。

海洋渔业开发资金。重点补助特色高效海洋渔业开发。

丘陵山区农业开发资金,重点补助丘陵地区农业结构调整和基础设施建设。

三、财政贴息政策

财政贴息是政府提供的一种较为隐蔽的补贴形式,即政府代企业支付部分或全部贷款利息,其实质是向企业成本价格提供补贴。财政贴息是政府为支持特定领域或区域发展,根据国家宏观经济形势和政策目标,对承贷企业的银行贷款利息给予的补贴。政府将加快农村信用担保体系建设,以财政贴息政策等相关方式,解决种养业"贷款难"问题。为鼓励项目建设,政府在财政资金安排方面给予倾斜和大力扶持。农业财政贴息主要有2种方式:一是财政将贴息资金直接拨付给受益农业企业;二是财政将贴息资金拨付给贷款银行,由贷款银行以政策性优惠利率向农业企业提供贷款。为实施农业产业化提升行动,对于成长性好、带动力强的龙头企业给予财政贴息,支持龙头企业跨区域经营,促进优势产业集群发展。中央和地方财政增加农业产业化专项资金,支持龙头企业开展技术研发、节能减排和基地建设等。同时,探索采取建立担保基金、担保公司等方式,解决龙头企业融资难问题。此外，为配合各种补贴政策的实施，各个省和市同时出台了较多的惠农政策。

四、小额贷款政策

为促进农业发展，帮助农民致富，金融部门把扶持"高产、优质、高效"农业、帮助农民增收项目作为重点，加大小额贷款支农力度。明确要求基层信用社必须把65%的新增贷款用于支持农业生产，支持面不低于农村总户数的25%，还对涉及小额信贷的致富项目，在原有贷款利率的基础上，下浮30%的贷款利率。

五、财政支持建立全国农业信贷担保体系政策

财政部、农业部、银监会联合下发《关于财政支持建立农业信贷担保体系的指导意见》（财农〔2015〕121号），提出力争用3年时间建立健全具有中国特色、覆盖全国的农业信贷担保体系框架，为农业尤其是粮食适度规模经营的新型经营主体提供信贷担保服务，切实解决农业发展中的"融资难""融资贵"问题，支持新型经营主体做大做强，促进粮食稳定发展和农业现代化建设。

全国农业信贷担保体系主要包括国家农业信贷担保联盟、省级农业信贷担保机构和市、县农业信贷担保机构。中央财政利用粮食适度规模经营资金对地方建立农业信贷担保体系提供资金支持，并在政策上给予指导。财政出资建立的农业信贷担保机构必须坚持政策性、专注性和独立性，应优先满足从事粮食适度规模经营的各类新型经营主体的需要。对新型经营主体的农业信贷担保余额不得低于总担保规模的70%。在业务范围上，可以对新型经营主体开展粮食生产经营的信贷提供担保服务，包括基础设施、扩大和改进生产、引进新技术、市场开拓与品牌建设、土地

长期租赁、流动资金等方面，还可以逐步向农业其他领域拓展，并向与农业直接相关的二、三产业延伸，促进农村一、二、三产业融合发展。

第四节 保险支持

一、扩大保险支持范围概述

鼓励地方建立政府相关部门与农业保险机构数据共享机制。在粮食主产省开展适度规模经营农户大灾保险试点，调整部分财政救灾资金予以支持，提高保险覆盖面和理赔标准。落实农业保险保额覆盖直接物化成本，创新"基本险+附加险"产品，实现主要粮食作物保障水平涵盖地租成本和劳动力成本。推广农房、农机具、设施农业、渔业、制种保险等业务。积极开展天气指数保险、农产品价格和收入保险、"保险+期货"、农田水利设施险、贷款保证保险等试点。研究出台对地方特色优势农产品保险的中央财政以奖代补政策。逐步建立专业化农业保险机构队伍，提高保险机构为农服务水平，简化业务流程，搞好理赔服务。支持保险机构对龙头企业到海外投资农业提供投融资保险服务。扩大保险资金支农融资试点。稳步开展农民互助合作保险试点，鼓励有条件的地方积极探索符合实际的互助合作保险模式。完善农业再保险体系和大灾风险分散机制，为农业保险提供持续稳定的再保险保障。

二、农作物保险

发生较为频繁和易造成较大损失的灾害风险，如水灾、风灾、雹灾、旱灾、冻灾、雨灾等自然灾害以及流行性、暴发型病虫害和动植物疫情等。对于水稻、小麦、油菜等主要参保品种，各级财政保费补贴60%,农户缴纳40%。

三、能繁母猪保险

政府为了解决饲养户的后顾之忧,提高饲养户的养猪积极性,平抑目前市场的猪肉价格,进一步降低养殖能繁母猪的风险,政府对能繁母猪实行政策性保险制度,出台了"母猪保险"。能繁母猪保险责任为重大病害、自然灾害和意外事故所引致的能繁母猪直接死亡。因人为管理不善、故意和过失行为以及违反防疫规定或发病后不及时治疗所造成的能繁母猪死亡,不享受保额赔付。能繁母猪保险保费由财政补贴80%,饲养者承担20%,即每头能繁母猪保额(赔偿金额)1 000元,保费60元,其中各级财政补贴48元,饲养者承担12元。

第五节 营销市场

一、鼓励拓展营销市场概述

支持新型农业经营主体参与产销对接活动和在城市社区设立直销店(点)。落实鲜活农产品运输绿色通道、免征蔬菜流通环节增值税和支持批发市场建设等政策。鼓励有条件的地方对新型农业经营主体申请并获得专利、"三品一标"认证、品牌创建等给予适当奖励。加快实施"互联网+"现代农业行动,支持新型农业经营主体带动农户应用农业物联网和电子商务。采取降低入场费用和促销费用等措施,支持新型农业经营主体入驻电子商务平台。实施信息进村入户入社工程,建立农业信息监测分析预警体系,为新型农业经营主体提供市场信息服务。组织开展农民手机应用技能培训,提高新型农业经营主体和农民发展生产的能力。

二、农业电子商务支持政策

中央1号文件明确提出促进农村电子商务加快发展。农业部会同国家发改委、商务部制定的《推进农业电子商务行动计划》提出开展两年一次的农业农村信息化示范基地申报认定工作，并向农业电子商务倾斜。农业部与商务部等19部门联合印发的《关于加快发展农村电子商务的意见》提出鼓励具备条件的供销合作社基层网点、农村邮政局所、村邮站、信息进村入户村级信息服务站等改造为农村电子商务服务点。支持种养大户、家庭农场、农民专业合作社等。对接电商平台，重点推动电商平台开设农业电商专区、降低平台使用费用和提供互联网金融服务等，实现"三品一标""名特优新""一村一品"农产品上网销售。鼓励新型农业经营主体与城市邮政局所、快递网点和社区直接对接，开展生鲜农产品"基地+社区直供"电子商务业务。组织相关企业、合作社，依托电商平台和"万村千乡"农资店等，提供测土配方施肥服务，并开展化肥、种子、农药等生产资料电子商务。推动放心农资进农家。以返乡高校毕业生、返乡青年、大学生村官等为重点，培养一批农村电子商务带头人和实用型人才。引导具有实践经验的电商从业者返乡创业，鼓励电子商务职业经理人到农村发展。进一步降低农村电商人才就业保障等方面的门槛。指导具有特色商品生产基础的乡村开展电子商务，吸引农民工返乡创业就业，引导农民立足农村、对接城市，探索农村创业新模式。农业部印发的《农业电子商务试点方案》提出，在北京、河北、吉林、湖南、广东、重庆、宁夏7省（区、市）重点开展鲜活农产品电子商务试点，吉林、黑龙江、江苏、湖南4省重点开展农业生产资料电子商务试点，北京、海南开展休闲农业电子商务试点。此外，农业部还将组织阿里巴巴、京东、苏宁等电商企业与现代农业示范区、农产品质量安全县、农业龙头企业对接，加快农业电子商务发展。

第六节 人才培养引进

一、支持人才培养引进概述

依托新型职业农民培育工程，整合各渠道培训资金资源，实施现代青年农场主培养计划、农村实用人才带头人培训计划以及新型农业经营主体带头人轮训计划，力争到"十三五"时期末轮训1遍，培养更多爱农业、懂技术、善经营的新型职业农民。办好农业职业教育，鼓励新型农业经营主体带头人通过"半农半读"、线上线下等多种形式就地就近接受职业教育，积极参加职业技能培训和技能鉴定。鼓励有条件的地方通过奖补等方式，引进各类职业经理人，提高农业经营管理水平。将新型农业经营主体列入高校毕业生"三支一扶"计划、大学生村官计划服务岗位的拓展范围。鼓励农民工、大中专毕业生、退伍军人、科技人员等返乡下乡创办领办新型农业经营主体。深入推行科技特派员制度，鼓励科研人员到农民合作社、龙头企业任职兼职，完善知识产权入股、参与分红等激励机制。建立产业专家帮扶和农技人员对口联系制度，发挥好县乡农民合作社辅导员的指导作用。

二、培育新型职业农民政策

中央财政安排13.9亿元农民培训经费，继续实施新型职业农民培育工程。在全国8个整省、30个市和500个示范县（含100个现代农业示范区）开展重点示范培育。探索完善教育培训、规范管理、政策扶持"三位一体"的新型职业农民培育制度体系。实施新型农业经营主体带头人轮训计划，以专业大户、家庭农场主、农民合作社骨干、农业企业职业经理人为重点对象，强化教育培训。提升创业兴业能力。继续实施现代青年农场主培养计划，新增培育对象1万名。

三、培养农村实用人才政策

我国继续开展农村实用人才带头人和大学生村官示范培训工作，全年计划举办170余期示范培训班．面向全国特别是贫困地区遴选1.7万多名村"两委"成员、家庭农场主、农民合作社负责人和大学生村官等免费到培训基地考察参观、学习交流。全面推进以新型职业农民为重点的农村实用人才认定管理，积极推动有关扶持政策向高素质现代农业生产经营者倾斜。

四、强化主体培育

鼓励返乡下乡人员领办创办家庭农场、农民合作社等新型农业经营主体，组建股份合作制、合作制和股份制企业等，发挥现代农业产业园区创业创新的有利平台和载体作用。

参考文献

河南省农业广播电视学校.2016.怎样当好农业职业经理人[M].郑州：中原农民出版社.

力言.2016.现代农产品质量安全培训教程读本[M].北京：中国建材工业出版社.

林建华.2018.现代农业发展研究与实践[M].北京：新华出版社.

宋玲芳.2016.都市现代农业经营管理[M].上海：上海科技文献出版社.

王小慧，李国库，绽自珍.2018.新型农业经营主体带头人[M].北京：中国农业科学技术出版社.

吴忠福.2015.家庭农场经营与管理[M].北京：中国农业科学技术出版社.

张正一，等.2015.农民专业合作社经营与管理[M].北京：中国农业科学技术出版社.